알뜰하게 쓸모있는 경제학 강의

알뜰하게 쓸모있는 경제학 강의

4차 산업혁명을 준비하는
지금 여기 시민을 위한 경제학

유효상 지음

21세기북스

미래는 준비된 자의 것!

2017년 5월, 유럽을 시작으로 전 세계 150여 개국에 큰 피해를 입히며 수십만 대의 PC를 마비시킨 '워너크라이 랜섬웨어' 공격을 다들 기억하실 겁니다. 해커들은 시스템 복구 비용으로 '비트코인bitcoin'이라는 디지털 가상화폐를 요구했습니다. 가상화폐라고 하면 싸이월드의 도토리, 네이버 캐쉬, 카카오 초코처럼 이제 우리에게도 충분히 친근해진 화폐들을 떠올릴 수 있는데요, 비트코인은 2009년 처음 세상에 등장해 2010년부터 본격적으로 거래되기 시작한 블록체인 기술(가상 거래에서 해킹을 막는 기술)의 가상화폐를 말합니다. 랜섬웨어의 등장과 확산 덕분에 비트코인의 가치는 큰 폭으로 요동쳤고, 2017년

7월 기준 1비트코인BTC의 가격은 1년 전에 비해 약 6.6배 증가했으며, 본격적으로 거래가 시작된 2010년에 비해서는 약 6만 6,000배가 증가했다고 합니다. 경이로운 성장세가 아닐 수 없습니다.

가상화폐는 어느 때보다 빠르게 확산되고 있습니다. 비트코인뿐 아니라 이더리움, 리플, 라이트코인, 대시 등 가상화폐의 종류도 다양해졌고, 현재 거래되고 있는 모든 가상화폐의 시가 총액을 따져보면 100조 원에 달할 정도로 가치 또한 폭발적으로 증가하고 있다고 합니다.

그런데 어떤가요? 연일 미디어에서는 4차 산업혁명이라거나 블록체인, 비트코인에 대한 뉴스가 흘러나오고 대선 토론회에서도 4차 산업혁명을 준비하는 정부 정책에 관한 토론이 활발했지만, 대다수 사람들에게는 먼 나라 이야기처럼 느껴지는 것이 아닌가 싶습니다. 새로운 유형의 파도를 만나면 유능한 서핑 선수도 긴장을 하게 마련입니다. 생소한 경제 용어들, 아직 도래하지 않은 미래에 대한 불투명한 그림들을 대하려니 낯선 것이 사실이죠. 하지만 분명한 것은 비트코인이 새로운 재테크 수단으로 전 세계적으로 투자 광풍을 불러일으키고 있고, 어쩌면 그 불투명한 미래가 이미 현실에 도래해 있는지도 모른다는 것입니다. 우리 앞에 도착해 있는 새로운 현상을 우리는 어떻게 해석하고 받아들여야 할까요?

우리 일상을 한번 들여다보죠. 우리는 어느새 스마트폰의 앱을 켜서 몇 번의 터치로 택시를 부르고 차를 빌려 타며, 낯선 여행지에서 현지인의 방을 빌려 쓰고, 장기 출장을 갈 때 반려동물을 다른 이의 집에 맡기고 있습니다. 음식을 배달시킬 땐 더 이상 전단지를 뒤적거리지 않아도 됩니다. 집을 구할 때에도 부동산에 방문하기보다는 앱을 켜서 원하는 지역을 설정하고 원하는 조건의 집을 찾습니다. 내가 가진 각종 도구와 재능을 빌리고 빌려주는 것이 당연한 시대, 처음 보는 사람과 함께 경험하고 더불어 나누면서 경제 활동을 하는 시대가 아닌가요? 모르는 사이에 우리 삶의 방식은 크게 변화하고 있습니다. 생활을 편리하고 윤택하게 만드는 크고 작은 변화들이 매일 우리를 기다리고 있습니다.

"기술이 고도로 발전하면 마술과 구별되지 않는다."

인간 지성의 진화에 대한 확고한 신념을 가졌던 과학소설SF의 거장 아서 클라크의 말입니다. 과연 21세기에 본격적으로 진입한 지금, 그에 의해 문자로 먼저 구현되었던 마술과도 같은 기술 발전이 현실 속에서 펼쳐지고 있습니다. 우리가 삶을 영위하고 있는 이런 동시대를 이름하여 '4차 산업혁명' 시대라고 합니다.

우리는 중고등학생 때부터 교과서를 통해 1차 산업혁명과 2차 산업혁명, 3차 산업혁명이라는 용어를 공부했습니다. 그래서 아마도 4차 산업혁명이라면 그 연장선상에 있는, 어느 시간대에 도래할 사회를 가리키는 용어일 것이라고 짐작할 수 있을 겁니다. 그런데 이런 질문을 떠올려볼까요? 4차 산업혁명을 한 문장으로 설명해본다면? 4차 산업혁명과 나의 일자리는 어떤 관계가 있을까? 대개는 대답하기를 주저할 수밖에 없지 않을까 싶습니다.

오늘날 우리는 4차 산업혁명이라는 말의 홍수에 휩쓸리고 있습니다. 문제는 그것이 무엇을 의미하는지, 도대체 '오늘의 나' 혹은 '내일의 나'와 어떤 관계가 있는지 제대로 알지 못한다는 것이죠. 거인의 발밑에서 어찌할 바를 모르고 당혹해하고 있는 꼴입니다. 과연 우리시대를 무겁게 규정짓는 이 4차 산업혁명, 도대체 그 정체가 무엇일까요?

사실 1, 2, 3차 산업혁명까지는 교과서에 실릴 만큼 명료한 반면에 유독 4차 산업혁명에 대해서는 전문가들끼리도 의견이 갈리고 해석도 저마다 다릅니다. 아직은 뚜렷한 개념이 설정되지 않았고, 그래서 설익은 용어로 겉돌고 있는 느낌인 게지요. 전문가들 사이에 의견이 제각각인 까닭은 4차 산업혁명이라는 용어가 과거를 규정짓는 개념이 아니라, 미래에 대한 예측을 담은 다소 추상적인 개념이기 때문입니다. 안개가 가득한 미지의 세계가 어떤 모습일지, 그 세계에 우리는 어떻게 대응할 것인지에 대한 밑그림을 담고 있는 용어라는 것이죠. 그러니 시각에 따라서, 전문 영역에 따라서 해석하는 내용도 제각각일 수밖에 없습니다.

게다가 우리가 경험하고 있듯이 사회가 변화하는 속도는 너무나도 빠르고 변화의 폭도 예상 불가능하게 커져가고 있는 게 현실입니다. 아무리 훌륭한 전문가라 할지라도 변화의 속도가 지금처럼 빠른 세상에서 과거의 전문성을 가지고 미래를 예측한다는 것은 어려운 일이 돼버렸습니다. 그러니 자연스럽게 혼란은 가중되고 손에 잡히지 않는 것이죠.

그러나 변화의 물결은 이미 오늘의 우리에게 당도해 있습니다. 다양한 기술이 우리 삶을 변화시키고 있고, 우리의 경제 활동의 알맹이도 달라져가고 있습니다. 이세돌은 인공지능 알파고와 바둑을 두었고, 드론 카메라로 촬영한 영상이 매일같이 TV를 통해 방영됩니다. 결이 다른 파도가 발등을 찰랑거리고 있습니다.

경제 흐름을 이해한다는 것은 우리가 이 파도를 어떻게 탈 것인가를 준비한다는 것을 뜻합니다. 무엇보다도 개인의 삶과 개인의 행복을 위해 이 파도를 어떻게 이용할 것인가 하는 문제겠지요. 새로운 시대를 맞아 나 자신이 무엇을 준비하고 어떻게 대처해나가야 할지에 주의를 기울여야 합니다. 우리에게 쓸모 있는 지식이 필요한 이유겠지요.

진부하건대, '미래는 준비된 자의 것'이라는 말은 결코 어제의 낡은 문구가 아닌 오늘에도 빛나는 명언임이 분명합니다. 4차 산업혁명이 가져올 새로운 경제 흐름의 핵심만 간추려 쉽게 전달하는 이 책이 우리 모두가 새로운 미래의 주역이 되는 데 조그만 보탬이 되길 바랍니다.

2017년 8월

유효상

프롤로그: 미래는 준비된 자의 것! ··· 04

PART1 위대한 혁신을 여는 4차 산업혁명

── 우리 앞에 우뚝 선 4차 산업혁명 ··· 17
지식의 저주에서 벗어나자 | 로봇과 손잡고 피자계를 혁신한 '줌피자' | 셀프 계산의 무인
마트 '아마존고'

── 4차 산업혁명은 왜 뜨거운 감자가 되었을까? ··· 26
'정상'에서 '새로운 정상'으로 | 뉴 애브노멀, '새로운 비정상'의 시대 | 다시 '정상'을 꿈꾸는
4차 산업혁명

── 4차 산업혁명에 필요한 시민의 자세 ··· 34
올웨이즈 인 베타, 더 이상 완성이란 없다 | 전문가의 저주, 과거의 패러다임을 버려라 | 지
식의 저주, 고정관념을 버려라 | 혁신의 저주, 혁신은 왜 시장에서 실패하는가 | 기술의 저
주, 익숙한 것과 결별하라

── 4차 산업혁명이란 무엇인가 ··· 48
인간에 의한, 인간을 위한 산업혁명의 역사 | 인공지능을 핵심으로 하는 4차 산업혁명 | 인
공지능, 어디까지 왔니? | 확실한 변화를 이끄는 것이 진정한 혁명

── 4차 산업혁명을 맞는 대한민국의 현실 ··· 61
필요한 지식과 불필요한 지식 | 무늬만 4차 산업혁명인 것들 | 4차 산업혁명은 언제 이루어
지는 걸까 | 우리나라에서 4차 산업혁명이 더딘 이유 | 현실과 이론 사이의 엇박자를 맞춰야

PART2 경제학, 인간과 기계의 세계를 해석하라

—— 미래는 더 이상 예측의 대상이 아니다 … 75

불확실성 속에 피는 꽃 | 블랙 스완과 그레이 스완을 넘어서라 | 사후 확신 편향, 예측은 누구라도 한다 | 확신 편향, 예측은 모두의 것인가

—— 경제학에 인간의 심리를 더하다 … 84

새로운 경제학이 필요한 이유 | 생각의 고착, 앵커링 효과 | 질문에 따라 대답이 달라진다 | 사람의 심리, 욕망 기제를 이해하라

—— 4차 산업혁명의 필수과목 '행동경제학' … 95

인간 행동에는 정답이 없다 | '이콘'에게는 너무 어려운 '휴먼' | '휴먼'의 세상에서 '이콘'은 어떻게 생존할까?

—— 꼭 알아야 할 경제 심리, 휴먼의 정체성 … 106

행동 편향, 못 말리는 인간의 인지적 습관 | 부작위 편향, 어리석은 자의 복지부동 | 4차 산업혁명 시대, 의정부 삼식이는 어떻게 될까 | 정의를 판단하는 것은 오직 인간의 직관

—— 4차 산업혁명 시대가 원하는 리더는? … 119

인공지능은 절대 알 수 없는 휴먼의 선택 | 이콘은 보험과 복권에 휘둘리지 않는 법 | 새로운 시대가 원하는 리더는 이콘일까, 휴먼일까? | 이콘과 휴먼의 융복합 시대가 온다

—— TREND: 최대와 최고를 자랑하는 세계의 유니콘 1 … 128

공유경제 기업의 롤모델, 우버 | 세계 최대 우버 카피캣, 디디추싱 | 세계 최대 숙박 공유 서비스, 에어비앤비 | '10초 메시지'의 위력, 스냅

PART3 혁명을 이끄는 뉴 플레이어의 등장

— 혁신의 주역 '유니콘'을 주목하라 ⋯ 143

뉴 플레이어, 유니콘의 눈부신 도약 | 대한민국이 꿈꾸는 미래, 이머징 유니콘 | 유니콘의 기업 가치는 누가 평가하는가 | 투자를 이끄는 핵심은 비즈니스 모델 | 스타트업 생태계 만들기

— 시대의 바람을 타고 변화를 주도하라 ⋯ 155

디지털 자이언트와 앵클 바이터에 주목하라 | 더 이상 블루오션은 없다 | 변화를 주도하는 기업, 변화에 편승하는 기업 | 스마트 팩토리는 먼 그대인가 | 변화를 무시하는 기업, 변화에 무지한 기업

— 성공의 함정, 흐름을 쫓되 따라 하지는 마라 ⋯ 167

바나나 많이 먹고 일찍 일어나면 성공할까 | 작은 거인, 유니콘을 주목하라 | 하드웨어는 지고 소프트웨어가 뜬다 | '배달의 나라'를 만든 서브스크립션 비즈니스 | 소비자의 숨은 욕망을 파악하라 | 4차 산업혁명은 게으른 자들의 천국

— 4차 산업혁명 시대, 우리에게 없는 것들 ⋯ 183

문제는 교육이다 | 우버의 빛나는 성취를 보라 | 무시할 수 없는 플랫폼들 | 멀리 보는 기업이 승리하는 법 | 나만의 시선을 가져야 성공한다 | 인간에 대한 통찰이 우선이다

TREND: 최대와 최고를 자랑하는 세계의 유니콘 2 ⋯ 197

세계 최대 사무실 공유 서비스, 위워크 | 세계 최대 드론 제작업체, 디제이아이 | 중국 최대 음식 배달 서비스 플랫폼, 어러머 | 착한 학자금 대출 서비스, 소파이

PART4 4차 산업혁명과 일의 미래

— 미래의 일자리는 '카피'를 타고 온다 … 211
손에 잡히는 4차 산업혁명 | 끝나지 않는 고용과 실업의 제로섬 게임 | 고용 창출의 메카, 스타트업 | 콜럼버스의 달걀을 만드는 '창의적 모방' | 나만의 카피캣을 만들어라

— 누구에게나 공평한 혁신의 시대가 온다 … 226
소품종 대량생산에서 다품종 소량생산으로 | 로봇의 등장이 가져온 생산 체제의 혁신 | 4차 산업혁명이야말로 진정한 경제성장 | 기회 보장, 지속 성장이 가능한 시대

— 비관과 낙관이 공존하는 미래의 노동시장 … 235
인간이 필요 없는 기계의 시대? | 정보지능 기술은 새로운 일자리를 창출한다 | 비관보다는 낙관의 어깨를 끌어안아야

— 4차 산업혁명 시대, 최적의 마케팅은? … 242
기업이 피해야 할 구렁텅이, 캐즘 | 더 이상 구렁텅이는 없다 | 소비 성향에 따른 5가지 고객 구분 | 분류형에서 맞춤형으로 진화하는 소비자

— 상식으로 무장한 '온리 원'이 되라 … 251
우리의 목표는 '시티즌 데이터 사이언티스트' | 더 이상 베스트 프랙티스는 없다 | 유일무이한 온리 원, 나만의 특장을 가져라

— 4차 산업혁명시대, 어떤 자세로 임해야 하는가 … 257
변화를 두려워 말고 과감히 편승할 것 | 기회는 정녕 준비된 자의 것 | 스탠퍼드 대학의 창의력 실험 | 창의적 습관이 창의적 결과를 낳는다

TREND: 알뜰하게 쓸모있는 4차 산업혁명 Q&A … 264

에필로그: 소유의 시대에서 공유의 시대로 … 274

PART1

위대한 혁신을 여는 4차 산업혁명

4차 산업혁명 시대는 기실 인류의 사고 패러다임이 또 한 번 거대한 변화를 맞는 시
대다. 기존의 낡은 관점, 익숙했던 사고방식으로는 더 이상 미래를 내다볼 수 없다.
익숙한 것과의 결별이 그 어느 때보다 절실한 시대에 들어서 있는 것이다.

우리 앞에 우뚝 선 4차 산업혁명

|

이미 우리 앞에 우뚝 서 있는 새로운 미래, 4차 산업혁명
시대를 맞아 지식의 저주에 빠지지 않기 위해서는
무엇보다 새로운 미래를 적극적으로 이해할 필요가 있다.

지식의 저주에서 벗어나자

"미래는 언제나 늘 빨리 다가올 뿐 아니라 예측하지 못한 방식으로
찾아온다." 이제는 고전이 된 《제3의 물결》을 저술하고 새로운 미래,
새로운 문명의 물결을 예언했던 미래학자 앨빈 토플러의 말입니다.
그가 주창했던 새로운 미래는 이미 지난 세월이 되었지만, 그가 예민
하게 포착했던 '미래'의 가치는 지금도 변함없이 우리 삶 속에서 빛나
고 있지 않나 싶습니다. 그렇게 빨리, 예측하지 못한 방식으로 찾아

오는 미래를 당황하지 않고 맞이하기 위해 우리가 해야 할 일은 가능한 한 우리에게 찾아온 모든 새로움을 신속히 이해하고 내 것으로 만드는 일일 것입니다.

'지식의 저주Curse of Knowledge'라는 말이 있습니다. '아는 것이 힘'일 때도 있지만 '아는 것이 병'일 때도 있죠? 지식의 저주란 후자의 경우를 뜻합니다. 지식이나 정보가 우리에게 도움이 되기도 하지만 때때로 지식이 우리의 발목을 잡기도 한다는 것이죠. 어떤 것을 아는 사람(정보를 가진 전문가)과 모르는 사람(정보를 가지지 못한 비전문가)이 의사소통을 할 경우, 전문가들은 비전문가들의 이해 여부와는 상관없이 전문용어와 개념들을 사용하면서 자신들의 눈높이에서 일방적으로 설명하는 경우가 많습니다. 이럴 경우 아무리 쉽고 상세하게 설명한다 해도 비전문가들인 일반 시민들에게 전달되기란 쉽지 않겠죠. 이를 바로 지식의 저주라고 합니다. 누군가가 지식을 가졌기 때문에 발생하는 소통의 어려움인 셈이죠. '4차 산업혁명'이 라는 말 역시 지식의 저주로 인식되는 측면이 많은 것 같습니다.

영화 배급의 예를 들어보겠습니다. 영화 배급사들은 개봉에 앞서 전문가들이 미리 영화를 관람하도록 하고, 그들의 관람평에 따라 영화 등급과 배급 가격을 결정함에도 불구하고, 천문학적인 제작비를 들인 영화가 흥행에 참패하는 경우가 종종 있습니다. 전문가들은 자신의 기준과 시각으로 영화를 평가하고 배급 가격을 매기는데, 전문가들의 평가에 따라 높은 등급을 받아 배급 가격이 높게 책정된 영화가 잘 안 되기도 하고, 반대로 낮은 등급을 받아 배급 가격이 낮게 책정된 영화가 흥행에 성공하기도 합니다. 이는 대중에게 배포될 영화임에도 전문 지식에 매몰된 전문가들이 자신들의 기준대로만 판단했기 때문에 일어난 오류인 것입니다.

이처럼 정보를 가진 전문가의 판단과 설명은 정보를 가지지 못한 비전문가의 판단과 이해와 다른 경우가 종종 벌어지고, 당연히 전문가와 비전문가 사이에는 대화를 이어가기 어렵습니다. 비단 이론과 연구에서는 권위를 가진 교수일지라도 학생과의 사이에서 정보의 비대칭이 생기면 대화하거나 가르칠 수 없을 겁니다. 최근에 등장한 4차 산업혁명과 관련된 이슈들에서는 이런 지식의 저주가 왕왕 일어나는 것 같습니다. 전문가들은 4차 산업혁명이 이렇다 저렇다 설명하지만, 일반 시민들에게는 이해하기 어렵거나 불필요한 설명일 때가 많습니다.

로봇과 손잡고 피자계를 혁신한 '줌피자'

4차 산업혁명 시대의 경제 흐름을 공부하려는 이 책에서도 지식의 저주가 일어날 가능성이 높다는 이야기가 되겠죠. 전문가인 저자와 비전문가인 독자라는 지식의 불균형도 있으니까요. 그래서 워밍업으로 두 가지 사례를 살펴보면서 4차 산업혁명이 도래하면 우리 일상이 어떻게 변화할지 상상해보려고 합니다. 머릿속에 이미지를 그리면서 지식의 불균형을 맞춰볼까요?

먼저 실리콘밸리의 스타트업 기업으로 성업 중인 '줌피자Zume Pizza'의 사례를 살펴보겠습니다. 피자 하면 미국인들에게는 가장 익숙한 배달 음식이자 외식 음식인데요, 과연 4차 산업혁명이 도래하면 피자 산업에서는 어떤 변화가 일어날까요?

미국의 피자 산업은 연간 시장 규모 380억 달러, 우리 돈으로 치면 42조 9,200억 원의 규모를 갖는 정말 거대한 시장인데요, 이 시장이 요즘 줌피자의 등장 때문에 들썩이고 있습니다. 줌피자는 레스토랑을 운영하던 줄리아 콜린스Julia Collince와 마이크로소프트에서 가정용 비디오 게임기 X박스 사업을 총괄했던 알렉스 가든Alex Garden이 손잡고 '가장 맛있는 상태의 피자를 싸게 배달'해준다는 콘셉트로 창업한 회사입니다.

줌피자는 피자가 화덕에서 구워진 후 4분 30초가 지났을 때 고객이 가장 맛있다고 느끼는 것에 착안하여 어떻게 하면 피자가 화덕에서 나온 후 5분 이내에 배달될 수 있을까에 집중하게 됩니다. 그들이 고민한 결과는 바로 로봇과 사람의 콜라보레이션(협업)입니다.

사람 직원과 손발을 맞춘 로봇은 이름도 귀엽습니다. 일단 로봇

'페페와 존'이 토마토소스를 뿌리면, '마르타'가 소스를 골고루 펴 바릅니다. 그 위에 손님의 주문에 따라 햄, 고기, 채소, 과일 등 핵심 토핑은 사람이 하고, 다시 로봇 '브루노'가 이를 받아서 오븐에 집어넣습니다. 피자는 섭씨 426도의 오븐에서 1분 30초간 구워지고, 초벌 구이한 피자를 로봇 '빈첸시오'가 배달차에 싣습니다. 배달차 안에도 오븐이 있어서 피자를 주문한 고객의 집에 도착하기 4분 전부터 다시 3분 30초간 피자를 굽습니다. 그 피자를 30초간 식히면 고객의 집 앞에 피자가 '짜잔' 도착하게 됩니다. 갓 구워진 바삭한 피자를 고객이

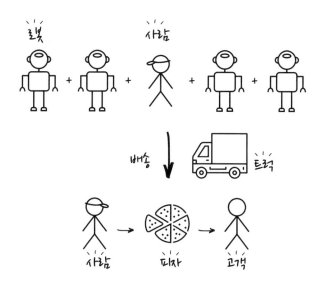

줌피자의 로봇과 사람의 협업

받는 것이죠. 생각만 해도 군침이 돌지 않습니까?

줌피자의 주 고객은 실리콘밸리의 IT 기업과 스탠퍼드 대학의 학생들인데, 사람과 로봇의 협업으로 1시간에 평균 288개의 피자가 만들어지고 있다고 합니다. 놀라운 것은 배달 시간입니다. 사실 미국 피자 업체들의 평균 배달 시간은 45분인데, 배달이 빠를수록 경쟁력이 생기니 피자 업체들은 배달 시간을 줄이려고 각고의 노력을 기울여왔습니다. 도미노피자의 경우에는 1993년 30분 안에 피자 배달을 하겠다고 대대적인 광고를 했었지만 이로써 배달자의 과속으로 인한 사망 사고가 발생했습니다. 도미노피자는 결국 '징벌적 손해배상' 처벌을 받고 천문학적 액수의 손해배상을 물게 되면서 30분 배달을 포기하는 일이 있었습니다.

그런데 줌피자의 경우에는 현재 평균 배달 시간이 22분밖에 걸리지 않습니다. 배달 시간이 단축되니 그만큼 비용도 절감되었죠. 더 놀라운 것은 줌피자의 CEO가 향후 피자 배달 시간을 5분까지 단축시키겠다고 선언한 것입니다. 어떻게 5분 만에 피자 배달이 가능하다는 것일까요? 축적된 빅데이터를 활용해 어떤 사람이 언제, 어떤 피자를 먹을지 예측하고 알아서 먼저 배달을 해주겠다는 것입니다. 오늘쯤 A라는 사람이 콤비네이션 피자를 먹을 것이라 예상되면 주문을 하기도 전에 먼저 피자를 만들어 배달해주는 방식으로 나아가고 있는 것이지요.

가끔 자주 가는 음식점에서 주문한 음식이 너무 빨리 나오면 '주인이 내가 와서 이 음식을 시킬 줄 알고 있었나?' 생각할 때가 있지 않나요? 그런데 줌피자는 이런 주인의 '감'이 아니라 빅데이터를 가지고 '무당' 노릇을 하겠다는 걸까요?

셀프 계산의 무인 마트 '아마존고'

4차 산업혁명이 우리 일상에 어떤 변화를 줄 것인지를 상상해보기 위해 이번에 살펴보려고 하는 사례는 아마존의 셀프 계산 매장입니다. 요즘 셀프 계산대라고 해서 기계로 무언가를 사고 주문하는 시스템을 곳곳에서 볼 수 있습니다. 영화관의 무인 발권기나 패스트푸드점의 키오스크, 공항의 탑승권 자동 발급기까지 그 영역이 계속 확장되고 있는 것이죠. 미국에서 전자 상거래를 기반으로 승승장구하고 있는 IT 기업 '아마존Amazon'은 4차 산업혁명과 더불어 셀프 계산 매장으로 무엇을 하려는 걸까요?

온라인으로 상품을 주문받아 오프라인으로 중개하는 O2OOnline to Offline 비즈니스로 시작한 아마존은 축적된 방대한 양의 빅데이터를 활용하여 오프라인 기업들은 감히 흉내 낼 수 없는 새로운 개념의 오프라인 서비스O4O: Online for Offline를 시작했습니다. 아마존의 셀프 계산 매장 '아마존고Amazon Go'에서는 고객이 계산대에서 줄을 설 필요도, 바코드를 찍을 필요도 없습니다. 매장에서 어떤 물건을 얼마만큼 구매했는지 자동으로 알 수 있기 때문입니다.

아마존고의 로봇과 사람의 협업

이용 방법은 간단합니다. '아마존고'라는 어플을 통해 체크인을 하고 매장에 들어가 물품을 잡습니다. 그러면 어플을 통해 고객이 손에 잡는 물품과 수량까지 인식이 되는데, 덕분에 물품을 가지고 그냥 걸어서 그대로 나가면 됩니다. 이 어플에 등록되어 있는 신용카드로 자동 결제되기 때문입니다. 이게 어떻게 가능한 걸까요? '컴퓨터 비전' 기술(컴퓨터가 인간 눈의 기능과 동일한 시각적인 인식 능력을 행하는 기술)과 '딥 러닝 알고리즘' 기술(컴퓨터가 인간 두뇌의 기능과 동일한 정보처리 방식을 모방해 스스로 학습하고 필요한 데이터를 수집, 분석하는 기술)이 결합되어 고객이 어떤 물건을 집었는지 모든 것을 파악해주기 때문입니다.

현재 아마존은 시애틀에 직원만 이용 가능한 시범 매장을 운영 중이며, 2017년 안에 영국 런던에서 일반 고객들이 이용 가능한 첫 매장을 개장할 예정이라고 합니다. 이런 셀프 계산 덕분에 보통 오프라인 매장에서는 86명의 직원이 필요하지만 아마존고에서는 단 6명이면 충분하다고 합니다. 무인 자동차에 쓰이는 기술 등을 마트에 접목시켜 직원 수를 대폭 줄인 것인데, 6명의 직원도 물건을 관리하는 등의 일에 필요한 것이고 실제 매장은 무인 매장으로 운영됩니다.

아마존고의 등장에 대해 일자리 위협이라는 우려 섞인 시각도 존재합니다. 미국 내에서 마트 계산원으로 일하는 인력이 340만 명에 달하는데, 아마존은 물류 자동화 시스템, 드론 배송 시스템 등을 도입함으로써 서민들의 일자리를 빼앗는다는 공격을 이미 여러 번 받은 바 있습니다. 고객 입장에서는 신기하고 편리할 수 있을지 모르지만 사회적으로 제기되는 여러 문제를 피하기는 어려워 보입니다.

4차 산업혁명은 왜
뜨거운 감자가 되었을까?

I

모든 분야에서 불확실성이 커질 대로 커진 뉴 애브노멀 시대.
새로운 노멀을 꿈꾸는 4차 산업혁명이야말로 우리의 미래를
선명하게 밝혀줄 확실하고도 새로운 희망이 아닐까?

'정상'에서 '새로운 정상'으로

앞서 줌피자의 피자 배달 시간 단축과 아마존이 운영하는 무인 매장을
소개함으로써 우리 생활 속으로 가까이 들어온 4차 산업혁명의 얼굴을
조금 살펴봤는데, 확실히 4차 산업혁명은 지금 시대의 뜨거운 감자인
것이 분명합니다. 산업혁명이라는 말 자체가 기술 혁신에 수반하여 일
어나는 경제적 혁신이니, 4차 산업혁명이 등장하게 된 배경을 읽어보
기 위해 이번에는 최근의 경제 상황을 살펴보겠습니다.

현재 우리나라를 비롯한 전 세계 경제 상태를 '장기 침체secular stagnation'라고 합니다. 각국 정부와 기업들이 무수히 많은 경기 회복 방안을 내놓고 있지만 그런 대책들이 전혀 효과를 내지 못하고 경기 침체가 지속되는 상황입니다. 쉽게 말하면 땅바닥까지 떨어진 경제를 전 세계의 대표 경제 선수들이 회복시키려고 노력하는데도 경기가 회복되기는커녕 오히려 계속 하강하고 있다는 뜻입니다. 경기를 회복시키기 위한 대표적인 방법은 정부 지출을 늘리고 금리를 인하하는 것입니다. 한동안은 이런 경기 회복책이 실효가 있어서 시장에 돈을 돌게 만들었습니다. 그런데 언젠가부터 이런 조치를 취해도 경기가 전혀 살아나지 않는 답답한 상태가 계속되고 있는 것이지요.

이런 최근의 경제 상황을 일컬어 '뉴 애브노멀new abnormal', 즉 '새로운 비정상' 시대라고 분류하기도 합니다. 2008년 글로벌 투자은행인 리먼 브라더스Lehman Brothers가 파산하고 세계적인 금융위기가 닥치면서 경기 침체가 시작되기 직전까지를 '노멀normal' 시대라고 했습니다. 말 그대로 정상적인 상태를 의미하죠. 그러니까 노멀 시대란 시간이 흐르면서 생산성이 높아지고 소비가 높아져 경제가 조금씩 성장해나가는 상태를 일컫습니다.

직장 생활을 예로 들어볼까요? 누구나 직장 생활을 하면 직급도 올라가고 매년 월급도 조금씩 인상되길 원합니다. 생활도 조금씩 나아지고 말이죠. 물론 물가도 조금씩 올라가겠지만요. 이렇듯 인

플레이션과 성장이 동반되는 시기를 노멀 시대, 즉 정상적인 시대라고 불렀습니다.

그런데 리먼 브라더스 사태가 발생한 2008년 이후에 '뉴 노멀new normal', 즉 '새로운 정상'이라는 말이 등장했습니다. 뉴 노멀은 성장이 멈춰버린 상태가 새로운 표준이 되어버린 것을 의미합니다. 2008년 이후에는 금리가 제로에 가까워졌고 경제도 성장을 멈췄습니다. 이처럼 장기 침체가 고착화된 상태를 새로운 정상이라고 부르기 시작한 것입니다. 이를 그래프로 표현해볼까요?

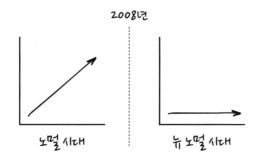

노멀 시대에 성장 그래프가 상승 곡선을 그렸지만 뉴 노멀 시대에서는 낮은 상태를 유지하며 평평하게 갑니다. 뉴 노멀은 더 이상 그래프가 밑으로 꺾이진 않을 것이라는 확신을 토대로 하는 경제 상태거든요. 성장은 멈췄지만 지금의 저성장 상태는 유지되겠지 하고 믿은 것이지요.

뉴 애브노멀, '새로운 비정상'의 시대

그런데 뉴 노멀 시대에 의문을 품고 문제를 제기하는 사람들이 나타났습니다. 낮게나마 성장이 이루어지거나 성장 그래프가 그대로 유지되는 상황이 계속될 수 있을까 의심하기 시작한 것이지요. 미국 뉴욕 대학교의 누리엘 루비니Nouriel Roubini 교수가 대표적입니다. 루비니 교수는 뉴 노멀 상태의 그래프가 계속 유지된다는 보장이 어디 있느냐고 문제를 제기하며 '새로운 비정상'이 나타날 가능성에 대해 경고했습니다. 불확실성이 크게 증폭되면서 정상과는 다른 새로운 비정상이 나타난다는 것입니다. 루비니 교수는 이런 상태를 새로운 비정상이라고 해서 '뉴 애브노멀'이라고 불렀습니다.

최근 국제 사회에서 불확실성이 증폭된 사례들을 살펴볼까요? 미국에서 트럼프 대통령이 당선되고 나서 어떤 일이 벌어졌죠? 트럼프 대통령은 기존 정부와 월스트리트의 경제 기조인 자유무역과는 정반대인 보호무역을 주장하고 있습니다. 중국은 어떤가요? 2016년까지 세계경제 전문가들은 중국의 경제성장률이 8% 밑으로 떨어지면서 세계 경제가 어려움을 겪게 될 것이라 예고한 바 있습니다. 하지만 이런 예상치에도 한참 미치지 못하게 중국은 경제성장 목표치를 7%로 낮추더니 2017년에는 7%마저 포기하고 6.5%로 목표를 하향 조정했습니다.

이렇듯 중국 정부가 고도성장을 포기하고 중성장주의 정책을 선택함으로써 세계 경제는 어려움에 직면했습니다. 또 영국에서는 모두의 예측을 깬 유럽연합 탈퇴, 즉 '브렉시트'가 있었고요. 이처럼 전 세계적으로 불확실성이 높아졌기 때문에 향후 경제 전망을 예측하는 일이 더 이상 불가능해진 것입니다.

루비니 교수는 부정적인 시각에서 경제를 전망하고 있어서 '미스터 둠Mr. doom(doom이란 비운을 뜻한다)'이라고 불리기도 합니다. 하지만 그런 루비니 교수의 부정적인 시각이 최근 경제 흐름에 맞아떨어지는 경우가 많아 경제학자들의 고민이 깊어졌습니다. 사실 뉴 애브노멀이라는 단어 자체도 굉장히 비관적인 것이죠. 저성장 상태가 유지될 것이라는 믿음조차도 산산조각 내버린 것이니까요. 이런 비관적인 경제 상황을 타개할 수 있는 실마리를 찾다가 등장한 것이 바로 4차 산업혁명입니다.

다시 '정상'을 꿈꾸는 4차 산업혁명

정리하자면, '노멀' 시대를 거쳐 2008년을 기점으로 '뉴 노멀' 시대에 들어섰는데, 이마저도 지키지 못하고 '뉴 애브노멀' 시대가 도래할 것이라는 얘기입니다. 그러나 각국 정부의 입장에서는 저성장 상태도 지키지 못하고 더 추락할 비관적인 가능성이 높은 상태에서 벗어나고 싶겠죠. 나아가서는 호시절이었던 노멀 시대로 돌아가려도 부단히 애를 쓸 것입니다. 바로 이런 움직임을 노멀라이제이션nomalization이라고 합니다. 다시 말해, 어두운 현재(뉴 애브노멀)에서 벗어나 밝은 과거(노멀)로 돌아가려고 애쓰는 것이죠. 앞서 본 그래프에 이 과정을 더해보면 아래와 같습니다.

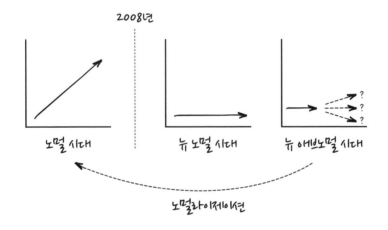

노멀라이제이션 과정에 진입한 세계 유일의 나라는 바로 미국입니다. 최근 미국의 경제 정책을 예로 들어볼까요? 미국은 2017년 금리 인상을 단행했습니다. 미국 연방준비제도이사회 재닛 옐런Janet Yellen 의장은 금리를 지속적으로 인상해 2008년 이전 수준으로 돌려놓겠다고 예고했습니다. 노멀 시대에 미국 금리는 3~4% 정도였고 성장률은 2% 정도였습니다. 제로 금리의 뉴 애브노멀 시대에서 3~4% 금리의 노멀 시대로 돌아가고자 하는 것이죠. 그런데 미국은 왜 이렇게 금리를 인상하려고 하는 걸까요? 미국의 금리 인상이 우리에게 끼칠 영향은 무엇일까요?

선진국 은행이 하나 있고, 후진국 은행이 하나 있다고 가정해봅시다. 두 은행의 금리가 다르다면, 후진국 은행의 금리가 선진국 은행의 금리에 비해 무조건 높아야 합니다. 돈을 은행에 저축한다고 가정해보죠. 금리가 높은 은행에 저축하는 것이 상식이겠죠? 마찬가지로 선진국 은행의 금리가 후진국 은행의 금리보다 높다면 모든 돈은 선진국 은행을 향할 것입니다. 그러면 후진국 은행의 금고는 텅텅 비게될 것이고, 은행은 파산할 것이며, 이는 후진국의 국가 부도로 이어질 것입니다. 따라서 선진국의 금리가 후진국의 금리보다 낮은 것이 전 세계 경제를 뒷받침하는 규칙으로 작동하는 것이 정상입니다.

그런데 선진국인 미국이 금리를 높인다고 합니다. 2017년 연말이 되면 우리나라 금리보다 미국 금리가 높아질 가능성도 있습니다. 그렇게 된다면 우리나라에 들어왔던 자금은 모두 미국을 향할 것이고, 우리 경제에는 악영향을 줄 것임이 자명합니다. 반대로 미국은 금리 인상으로 전 세계에 투자되었던 돈을 다시 자국으로 모아들일 것이고요.

그러니 우리는 미국 금리보다 우리나라 금리를 높이면 된다고 생각하기 쉽습니다. 그런데 우리 경제 상황은 어떤가요? 박근혜 정부가 출범한 이래로 우리나라 가계 부채는 계속 증가해왔습니다. 미국을 따라잡겠다고 금리를 인상하게 된다면 서민들이 갚아야 할 부채도 동시에 증가할 것입니다. 이렇다 보니 미국의 노멀라이제이션, 호시절로 돌아가겠다는 계획이 전 세계 경제에 꼭 호기로만 작동하지 않는 것이고, 노멀라이제이션으로 과연 과거의 영광을 재현할 수 있을지에도 물음표가 남는 것입니다.

세계 경제는 이런 문제를 타개할 대안이 필요한 상태에 도달해 있습니다. 그리고 대안이라고 주목받으며 희망을 불러일으키고 있는 것이 이제부터 본격적으로 이야기하게 될 4차 산업혁명입니다. 요약하자면, 4차 산업혁명이란 장기화된 경기 침체를 극복할 하나의 대안이자 해법으로 부상하게 된 것이라 할 수 있습니다.

4차 산업혁명에 필요한
시민의 자세

|

인류의 사고 패러다임이 거대한 변화를 맞는 4차 산업혁명 시대.
기존의 낡은 관점으로는 미래를 내다볼 수 없는 법.
익숙한 것과의 결별이 그 어느 때보다 절실하다.

올웨이즈 인 베타, 더 이상 완성이란 없다

1900년 뉴욕 맨해튼 거리를 상상해봅시다. 1900년에는 말이나 마차
를 타고 1km를 가는 데 4시간씩 걸렸다고 합니다. 이때 가장 큰 문
제는 무엇이었을까요? 다음 사진에서 보듯 마차들이 거리 이곳저곳
에 주차되어 있고 말이 병들어 쓰러져서 길을 가로막는 일도 많았다
고 합니다. 하지만 무엇보다 심각한 것은 말의 배설물이었습니다. 지
금처럼 구청 환경미화과 직원들이 있어서 말의 배설물을 청소해주는

1900년 뉴욕 멀버리 스트리트의 풍경

것도 아니었기 때문에 말의 배설물을 거리에 그대로 방치해뒀는데, 그 양이 실로 어마어마했겠죠.

그래서 1900년도의 미래학자들은 100년 안에 뉴욕은 지구상에서 사라진다고 예측했습니다. 말의 배설물로 도시가 더러워지고 전염병도 창궐하게 될 것이라는 말이었지요. 그런데 어떻게 되었나요? 현재 뉴욕은 전 세계에서 가장 번화한 도시가 되었습니다. 미래학자들은 뉴욕이 없어질 것이라 예측했지만 예측과 달리 실제로는 세계 최대의 메트로폴리스가 된 것이죠. 미래학자들의 예측이 완전히 빗나가버린 것입니다. 이를 일컬어 '전문가의 저주'라고 합니다.

전문가의 저주Curse of Experts는 스탠퍼드 대학의 파멜라 힌즈Pamela Hinds 교수가 처음 꺼낸 말입니다. 파멜라 교수는 "아무리 훌륭한 전문가라 할지라도 변화의 속도가 빠른 세상에서는 과거의 전문성을 갖고 미래를 예측한다는 것은 전혀 의미가 없으며, 그 예측은 틀릴 가능성이 매우 높다"고 했습니다. 한 번도 경험해보지 못한 미래를 과거의 패러다임만으로 예측한다는 것은 불가능하다는 것이죠.

사실 4차 산업혁명도 비슷합니다. 4차 산업혁명이 세계 경제를 다시 일으킬 것이라는 오늘날 전문가들의 기대는 뉴욕이 붕괴할 것이라던 1900년 미래학자들의 예측보다 더 허황된 이야기일 수도 있습니다. 아직 아무도 경험해보지 못한 일이기 때문입니다. 앞서도 언급했듯, 앨빈 토플러는 '빠르고 예측하지 못한 방식으로 찾아오는 미래'를 이야기했지만, 4차 산업혁명과 관련해 많은 전문가가 다양한 예측을 쏟아내고 있습니다.

이렇듯 다양한 전망이 각축하고 있기 때문에 변화하는 환경에 대응하기 위해 끊임없이 진화해야 한다는 말도 나옵니다. 스타트업 기업이나 혁신 기업에서는 '올웨이즈 인 베타Always in Beta'라는 말을 많이 씁니다. 완성되지 않은 베타 버전처럼 끊임없이 제품을 만들어내고 끊임없이 진화할 것을 요구받는 시대라는 것입니다. 이것이 우리가 처한 공포스럽지만 벗어날 수 없는 현실입니다. 이제 이런 현실에 맞서 일반 시민들이 견지해야 할 자세에 대해서 생각해보려고 합니다.

전문가의 저주, 과거의 패러다임을 버려라

앨빈 토플러의 《부의 미래》를 보면 '무용지식'이라는 말이 나옵니다. 무용지식은 쓸모없는 지식을 의미합니다. 영어로는 obsoledge라고 하는데, 쓸모없다는 뜻의 obsolete와 지식을 의미하는 knowledge를 합성해 만든 신조어입니다. 변화의 속도가 빠르면 빠를수록 기존에 알고 있던 지식들도 빠르게 무용화됩니다. 그런데도 사람들은 학습을 잘 하지 않습니다. 그러니 1900년도 뉴욕의 더러움만 생각하고 뉴욕이 붕괴될 것이라고 예측했던 미래학자들처럼 과거의 패러다임에 갇혀 있을 뿐입니다.

또 다른 예를 볼까요? 헬리코박터라고 하면 광고에서 많이 들어봤을 텐데, 우리 몸속 위에 살고 있는 균을 말합니다. 70~80%에 해당하는 사람들이 헬리코박터 균을 보유하고 있다고 합니다. 이 헬리코박터 균이 위궤양의 원인이 되고 위암 발병률도 높인다는 것이 현재 과학계의 정설입니다. 위에 생겨나는 질병은 헬리코박터 균과 큰 연관이 있다고 하여 일본에서는 어릴 때부터 약을 복용하게 해서 헬리코박터 균 박멸화를 진행하고 있을 정도입니다.

그런데 이 균이 발견되기 전에는 위 벽은 매끈매끈한데다 산도가 2 정도 되는 위산이 계속 분비되기 때문에 위에서는 어떤 생물체도 살 수 없다는 것이 정설이었습니다. 이 때문에 배리 마셜Barry J. Marshall 박사가 처음 헬리코박터 균을 발견했다고 했을 때 과학계에서조차도 아무도 믿어주지 않았지요. 마셜 박사는 위 내시경을 촬영하다가 위 점막에 새까만 점처럼 붙어 있는 균을 발견했지만 모두들 내시경 관리를 잘못해서 잘못 본 것이라 비난했습니다.

결국 마셜 박사는 자신이 직접 실험 대상자가 되기로 결심했습니다. 헬리코박터 균을 배양해 자신의 위 속에 집어넣은 것입니다. 그 결과, 위에 염증이 생기면서 위궤양 전 단계인 위염이 발병했습니다. 이렇게 그는 자신의 이론을 스스로 증명해냄으로써 훗날 노벨의학상까지 받게 되었습니다.

이런 경우가 바로 '전문가의 저주'에 해당합니다. 절대 불변이라고 믿었던 상식이나 의학적인 지식도 쓸모없어질 수 있다는 겁니다. 그래서 무용지식에 대한 인식이 4차 산업혁명에서 상당히 중요합니다. 과거의 패러다임으로 미래를 이야기하지 않아야 한다는 것이지요.

스위스의 지식경영인 롤프 도벨리Rolf Dobelli는 세상에는 두 가지 형태의 지식이 있다면서, '진짜 지식'과 '운전사의 지식Chauffeur's Knowledge'을 구별했습니다. 진짜 지식이란 오랜 시간 동안 쌓인 지식을 뜻하고, 반대로 운전사의 지식이란 거짓되거나 얄팍한 지식을 뜻합니다. 택시 운전사가 먼저 탄 손님이 한 이야기를 듣고 다음 손님에게 아는 체하는 것과 같은 상황을 말합니다. 운전사란 모르는 것을 아는 것처럼 말하고 행동하는 사람의 전형인 것이지요.

운전사의 지식은 곳곳에 꽤 많습니다. 심지어 전문가를 자처하는 사람들도 타인으로부터 얄팍한 지식을 가져오는 경우가 있기 때문에 우리는 그 지식이 운전사의 지식인지 아닌지를 잘 구별해야 합니다. 새로운 시대에 운전사의 지식이란 아무 쓸모없는 거짓 뉴스 같은 것이니까요.

지식의 저주, 고정관념을 버려라

앞서 '지식의 저주'를 언급했었는데, 전문가의 저주와 함께 이 또한 우리가 빠지기 쉬운 함정이기에 다시 한 번 살펴보겠습니다. 청와대 문서를 예로 들어볼까요? 과거 대통령 보고 자료에는 '초등학교 5학년 수준으로 작성할 것'이라는 부제가 붙어 있었습니다. 대통령이 전 분야를 전문적으로 알 수 없으니 전문 지식을 요하는 어려운 분야는 쉽게 작성하라는 의미겠지요. 그런데 당시 청와대에서 근무하던 지인이 제게 이렇게 묻더군요.

"어떻게 해야 5학년 수준으로 작성할 수 있을까?"

그래서 제가 이렇게 대답했습니다.

"청와대에 근무하는 직원들 자녀 중에 초등학교 5학년생 아이가 있으면 그 아이에게 작성하게 해."

지인은 말도 안 되는 소리라고 손사래를 쳤습니다.

그러면 왜 청와대에서는 보고 자료를 초등학교 5학년 수준으로 작성하라고 한 것일까요? 과연 전문가가 초등학교 5학년 수준으로 글을 쓸 수 있을까요? 원자력 전문가가 아무리 쉽게 설명한다 해도 초등학교 5학년 수준으로 원자력의 폐해를 설명하기란 불가능할 것입니다.

좀 더 쉬운 예를 들어볼까요? 우리나라에서 수영을 가장 잘하는 국가 대표 선수가 있습니다. 이 선수는 돌이 지날 무렵부터 물에서 놀았고 초등학교 시절부터 뛰어난 기량을 발휘해왔으며 그리하여 성인이 되어서는 수영 분야에서 최고의 자리에 올랐습니다. 사람들은 이 선수가 코치가 되어 수영을 못하는 내게 수영을 가르쳐주면 좋겠다고 생각합니다. 그런데 성인이 수영을 배우다가 포기하게 되는 가장 큰 이유는 '물에 대한 공포'입니다. 어렸을 때부터 수영을 계속해온 국가 대표 선수가 물에 대한 공포를 이해할 수 있을까요? 초보자에게 물을 두려워하지 않는 법, 물과 친해지는 법을 가르쳐야 하는데 그런 공포를 알지 못하는 이 선수가 일반인들에게 수영을 가르칠 수 있을까요?

이런 것을 지식의 저주라고 하는데요, 지식의 저주는 미국 스탠퍼드 경영대학원의 칩 히스Chip Heath 교수가 쓴 《스틱》이라는 책을 통해 널리 알려진 말입니다. 5학년생 수준의 청와대 보고 자료 사례와 수영 강사가 된 국가 대표 선수의 사례에서 알 수 있듯이 4차 산업혁명에 관해 쏟아지고 있는 전문적인 지식들은 대체로 일반 시민들의 눈높이를 제대로 고려하지 못합니다. 일반 시민들에게는 불필요한 정보만이 가득한 상황이라고도 볼 수 있겠죠. 따라서 우리는 지식의 저주를 경계하면서 우리 눈높이에 맞는 정보를 필요에 따라 습득할 필요가 있습니다.

혁신의 저주, 혁신은 왜 시장에서 실패하는가

이어서 또 하나 경계해야 할 '혁신의 저주'에 대해서 살펴보겠습니다. 다음 사진은 전 세계 최초로 개발된 MP3 플레이어입니다. MP3 플레이어가 나오기 전에는 모두가 워크맨을 사용했습니다. 워크맨을 통해서는 한 번에 6곡 정도의 노래를 들을 수 있었는데 크기도 크고 무거웠습니다. 30분 듣고는 다시 감아서 듣고 하는 과정이 번거로우니 사람들이 '1,000곡을 한 번에 들을 수 있는 작고 가벼운 기계가 있으

세계 최초의 MP3 플레이어

면 얼마나 좋을까?'라는 생각을 해서 개발하게 된 것이 MP3 플레이어입니다.

전 세계 많은 업체에서 개발에 뛰어들었는데 가장 먼저 성공한 곳이 1998년 우리나라의 새한정보시스템이었습니다. 그런데 이 회사는 엄청난 제품 개발에 성공했음에도 불구하고 크게 빛을 보지 못한 채 2004년 레인콤에 인수되면서 사라지게 됩니다. 새한정보시스템에 뒤이어 삼성전자도 MP3 개발에 성공했습니다. 당시 삼성전자에서는 새한정보시스템의 MP3가 성공하지 못한 이유를 디자인 때문이라고 말하기도 했습니다. 하지만 삼성전자 역시 시장을 주도하지 못했습니다. 왜 그랬을까요? MP3에 노래 1,000곡을 담을 수는 있었지만 노래 파일을 다운로드받는 시스템이 복잡해서 별도의 절차를 거치지 않으면 단 1곡도 다운받을 수 없었기 때문입니다. 1900년에 자동차를 만들어놓고 휘발유와 주유소가 없어서 자동차를 쓸 수 없었던 것과 마찬가지 상황인 거죠.

그러면 MP3를 통해 거대한 수익을 낸 회사는 어디일까요? 바로 애플입니다. 애플은 2001년에서야 개발팀을 가동하여 2001년 말에 MP3 플레이어를 개발하게 됩니다. 이때 애플은 다른 회사들과는 달리 하드웨어뿐 아니라 음악을 쉽게 다운받을 수 있는 '아이튠즈'라는 플랫폼을 함께 제공했습니다. 성공 요인이 여기에 있었던 것이죠.

애플은 기존의 MP3가 넘쳐나는 상황에서도 이렇듯 복잡한 인터페이스의 문제점을 파악한 후 누구나 가지고 싶을 정도로 세련된 디자인과 쉬운 인터페이스로 순식간에 전 세계에 아이팟 돌풍을 일으켰습니다. 사실상 삼성과 애플의 MP3 각각의 기술 자체에는 전혀 차이가 없었습니다. 다만 애플은 아이튠즈라는 플랫폼이 적용되는 '생태계'를 만드는 데 신경을 썼습니다. 중요한 건 아이튠즈지 아이팟 기계 자체의 기능이나 성능이 아니었다는 것입니다.

이런 상황을 일컬어 하버드 대학의 존 구어빌John Gourville 교수는 '혁신의 저주'라고 정리했습니다. 전 세계 시장에서 성공하지 못하고 죽어가는 가장 혁신적인 제품이나 기술이 90% 이상 되는 것을 일컬어 혁신의 저주Curse of Innovation라고 합니다. 혁신의 저주는 아무리 제품이 혁신적이고 좋아도 고객의 입장에서 새로운 제품을 사용하는 것이 불편하거나 전환 비용이 많이 든다면 절대 사용하지 않는 현상을 의미합니다. 사용자들이 1,000곡 넘게 저장할 수 있고 가볍기까지 한 MP3 플레이어가 아니라 대신 6곡밖에 들을 수 없고 무겁기까지 하지만 사용이 손쉬운 워크맨을 선택한다는 것이지요.

4차 산업혁명이 도래하면 혁신의 저주가 나타날 개연성이 무척 많습니다. 얼마 전에 한 로봇 전문가가 "우리나라 로봇은 걷는 수준인데 미국 로봇은 뛴다, 우리도 서둘러 기술을 개발해서 로봇이 뛰게 해야 한다"고 하기에 제가 이렇게 물었습니다. "로봇이 뛰면 어떻게 되죠?" 이 질문에 '왜 그런 뻔한 질문을 하냐'는 표정으로 로봇 전문가는 크게 당황해하며 대답을 하지 못했습니다. 그 로봇 전문가는 제가 장난삼아 질문했다고 생각했지만, 사실 저는 로봇이 뛰게 되면 실제로 어떻게 되는지, 과연 로봇이 뛰어야만 GDP가 올라가고 고용이 창출될 수 있는지가 정말 궁금해서 질문한 것이었습니다. 여러분도 생각해보십시오. 로봇이 뛰게 되면 과연 우리 삶은 어떻게 바뀔까요? 로봇 전문가는 '왜'에 대한 질문과 답변 없이 오로지 기술만을 위한 개발을 하고 있는 것은 아닐까요?

어떤 사람들은 3D 프린터의 사양을 업그레이드해야 한다고 주장합니다. 정부에서도 3D 프린터 사양을 향상시킬 기업에 투자하겠다고 나서고 있지만 3D 프린터의 사양이 좋아지면 과연 대한민국 경제가 어떻게 바뀔 것인지에 대한 말들은 없어요. 이런 상황에서 조심해야 할 것이 바로 '혁신의 저주'입니다. 혁신적인 제품이나 비즈니스 모델이 곧 성공을 의미하지는 않습니다. 잘 뛰어다니는 로봇을 왜 만들어야 하는지에 대한 대답을 우리 스스로 하지 못한다면 말이죠.

기술의 저주, 익숙한 것과 결별하라

다음 사진의 휴대전화를 보겠습니다. 하나는 애플의 아이폰이고, 다른 하나는 삼성의 갤럭시입니다. 과거에는 한 기업이 새로운 제품과 기술을 개발하면 선두 기업으로 올라설 수 있었습니다. 그런데 이제는 한 군데 회사가 혁신적인 제품을 내놓으면 다음 회사가 따라가는

애플의 아이폰과 삼성의 갤럭시

데 오랜 시간이 걸리지 않습니다. 현재 아이폰과 갤럭시의 새 제품 출시 간격이 두세 달 정도밖에 안 되지 않습니까?

한 회사가 새로운 제품을 출시하면 경쟁사는 그 사양과 비슷하거나 조금 나은 수준의 제품을 내놓습니다. 하지만 가격은 어떻게 되죠? 가격은 크게 오르지 않습니다. 앞선 제품과 비슷하거나 오히려 조금 낮게 책정하는 경향도 보입니다. 이런 상황을 '기술의 저주'라고 부릅니다.

기술의 저주Curse of Technology는 회사들이 기술을 개발하면 시장에서 독점적 위치를 점할 수 있을 것이라고 기대하고 기술 개발에 막대한 돈을 쏟아붓지만 출시된 제품의 가격은 오히려 전보다 낮아지는 상황을 말합니다. 최고의 기술력을 쏟아 부었다고 자부하는 제품들이 시장에 경쟁적으로 쏟아지면서 소비자들은 혁신적인 제품들에 둔감해지고, 극심한 기술 경쟁 때문에 기대만큼의 판매 실적을 거두지도 못하는 것이죠. 투자 대비 수익이 낮으니 기업의 재무 상태는 계속 악화될 수밖에 없습니다.

예를 들면, 갤럭시가 조만간 S8 제품을 출시할 예정이라고 합시다. S7보다 스펙이 월등히 좋은 제품이겠지요. 그런데 S8 제품이 나오면 S7 제품 사용자는 무료로 제품 교환이 가능한 프로모션이 있더라고요. 이런 상황을 기술의 저주라고 합니다. 과거와는 달리 기술 집약적인 회사들이 기술 때문에 저주에 빠지게 된 것입니다.

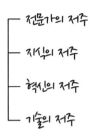

전문가의 저주

지식의 저주

혁신의 저주

기술의 저주

　이상 네 가지 저주에 대해 살펴봤는데, 이런 예에서 우리가 알아야 할 것은 새로운 '관점'의 필요성입니다. 4차 산업혁명 시대는 인류의 사고 패러다임이 또 한 번 거대한 변화를 맞는 시대를 말합니다. 이런 변화의 시대에 기존의 낡은 관점, 익숙했던 사고방식으로는 더 이상 미래를 내다볼 수 없다는 것이지요. 우리는 지금 익숙한 것과의 결별이 그 어느 때보다 절실한 시대에 들어서 있는 것입니다. 이것이 4차 산업혁명 시대를 맞는 시민의 자세라 할 수 있겠습니다.

4차 산업혁명이란 무엇인가

|

4차 산업혁명 성공의 필수 요건은 개별적 성장이 아니라 광범위한 협업이다.
새로운 미래 산업의 주역들은 시스템적으로
빠른 의사결정을 내릴 수 있는 구조적 여건을 정립해야 한다.

인간에 의한, 인간을 위한 산업혁명의 역사

이제 워밍업을 마쳤으니 본론으로 들어가봅시다. 최근 들어 많이 회
자되고 있는 '4차 산업혁명'이라는 말은 뉴스 보도를 비롯해 일상생
활에서도 많이 듣는 개념인데, 그렇다면 4차 산업혁명 이전에 이미
세 차례의 산업혁명이 있었다는 것이겠죠? 그렇습니다. 우선 산업혁
명이란 것이 무엇인지 간단히 짚어보죠.
　농업과 수공업 위주의 경제가 공업과 기계 사용의 제조업 위주 경

제로 변화하는 과정을 일컬어 산업화라 하는데, 이런 산업화가 매우 빠르게 일어나 사회적인 큰 변화를 가져온 시기를 우리는 산업혁명이라고 합니다. 이런 산업혁명에 대한 정의는 영국의 역사학자 아놀드 토인비Arnold Toynbee가 정립한 것으로, 1760~1840년에 일어난 급격한 영국의 경제 발전을 설명하는 과정에서 일반화한 것입니다.

이후 2차·3차 산업혁명이라는 용어는 전 세계 수재들이 모이는 미국 와튼 스쿨의 제레미 리프킨Jeremy Rifkin 교수가 2012년 그의 책《3차 산업혁명》을 통해 만들고 유포한 개념입니다. 뒤이어 매년 스위스 다보스에서 개최되는 세계경제포럼인 다보스포럼의 의장 클라우스 슈밥Klaus Schwab이 2016년 처음 사용한 용어가 4차 산업혁명인 것이고요.

그럼 순서대로 1·2·3차 산업혁명이 무엇인지 살펴보는 것으로 4차 산업혁명에 대한 본격적인 접근을 시도해보도록 하겠습니다. 먼저 1차 산업혁명입니다.

1차 산업혁명을 초래한 건 뭐니 뭐니 해도 1784년 영국에서 비롯된 증기기관의 발명입니다. 증기기관이 발명되기 이전에는 모든 생산과정이 사람들의 손을 이용하거나 기껏해야 몇몇 동물을 운송수단으로 삼는 수공업적 형태였으나 증기기관이 생기면서 공장이 생길 수 있는 토대가 마련되어 생산에서의 기계화가 가능해졌기 때문입니다. 증기선과 증기기관차가 만들어지면서 사람들의 이동도 자유로워져 본격적으로 공업이라는 개념이 생기게 된 것인데, 제레미 리프킨 교수는 1차 산업혁명의 발생 요인을 증기기관의 발명과 석탄과 제철업의 발달로 정리한 바 있습니다.

1차 산업혁명

시기 - 18세기

내용 - 증기기관 기반의 기계화 혁명

다음으로 2차 산업혁명이 일어난 계기는 무엇일까요? 한마디로 정리하면 전기와 석유를 이용한 대량생산과 자동화입니다. 1880~1890년대에 미국과 유럽에서 석유와 내연기관이 발명되어 새로운 에너지가 구축되고 전화 및 텔레비전과 같은 새로운 통신수단의 발명으로 이전과는 비교할 수 없을 정도의 비약적인 커뮤니케이션 발달이 이루어지면서 20세기를 지배하기 시작합니다.

2차 산업혁명

시기 - 19~20세기 초

내용 - 전기 에너지 기반의 대량생산 혁명

그리고 3차 산업혁명은 제레미 리프킨의 저서에서 유포된 개념이라고 했는데, 그는 이 책에서 인터넷 기술의 발달과 새로운 에너지

체계, 즉 재생에너지의 결합이 그간의 수직적 권력 체계를 무너뜨리고 바야흐로 수평적 권력을 기반으로 삼는 3차 산업혁명을 이끌게 된다는 주장을 내놓았습니다. 리프킨 교수는 인터넷에 의한 정보 혁명과 대체에너지를 3차 산업혁명의 핵심으로 꼽았습니다. 한정된 화석연료는 고갈될 수밖에 없고 지구는 점차 황폐화되기 때문에 대체에너지와 정보혁명을 통해 전 세계가 획기적으로 바뀔 것이라고 전망한 것이죠.

3차 산업혁명

　　시기 - 20세기 후반
　　내용 - 컴퓨터와 인터넷 기반의 지식정보 혁명

　　3차 산업혁명을 컴퓨터혁명 혹은 디지털혁명이라고도 이야기하는데, 드디어 이로써 인간의 역사에서 노동 부담이 현격히 줄어드는 시대가 열리기 시작한 것입니다.

인공지능을 핵심으로 하는 4차 산업혁명

마지막으로 우리의 시선을 집중시키는 가장 뜨거운 주제인 4차 산업혁명입니다. 현재 우리 사회는 어떤 혁명을 맞고 있는 것일까요? 4차 산업혁명 시대를 맞아 흔히 사용되고 있는 용어로 인공지능AI, 사물인터넷IoT, 가상 물리 시스템CPS, 빅데이터라는 것이 있습니다. 이런 첨단 정보통신 기술이 경제·사회 전반에 융합되어 혁신적인 변화가 나타나고 있는 것, 그것이 4차 산업혁명의 핵심입니다.

기존 산업혁명이 발생한 공간은 물리적 공간과 사이버 공간으로 나뉘어 있었다면, 4차 산업혁명은 두 공간이 결합된 개념으로 보면 됩니다. 과거의 공업화, 정보화 혁명을 넘어 두 공간이 결합함으로써 초연결, 초지능화가 가능해지고 기존의 장애와 불연속성을 극복하게 된 셈입니다.

4차 산업혁명

- 시기 - 21세기 초반
- 내용 - IoT/CPS/인공지능 기반의 만물 초지능 혁명

소위 전문가들이 말하는 4차 산업혁명에 대해 조금 더 설명해볼까요? 4차 산업혁명은 인공지능이 핵심이라고 하고, 전문가들 사이에서도 이에 대해서는 이견이 없습니다. 그렇다면 4차 산업혁명을 이해하는 데에도 우선 인공지능을 이해하는 것이 필수적일 것입니다.

인공지능이란 쉽게 말하자면 학교에서 국어, 영어, 수학을 다 잘

하는 학생이라고 생각하면 됩니다. 하지만 이 학생도 모든 과목을 다 잘하기 위해서는 공부를 열심히 해야겠죠? 공부를 하려면 교재가 있어야 할 텐데, 이렇게 인공지능이 공부를 하기 위해 필요한 교재가 '빅데이터'입니다. 데이터 양이 많아질수록 공부도 더 잘하게 될 것입니다. 이 빅데이터를 이용해 공부하는 방법을 짜는 것을 '알고리즘'이라고 합니다. 어떤 방식으로 데이터를 활용할지 프로그램을 제작하는 것과 비슷한 것이지요.

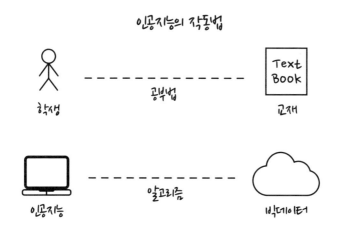

개인들도 애플의 시리Siri를 통해 지금 당장 일상에서 인공지능을 활용해볼 수 있습니다. 오늘 아침에만도 애플이 구현한 모바일 인공지능 비서 시리에게 "헤이 시리, 오늘 날씨는 어때?" 하고 물어본 사람이 많았을 겁니다. 구글이나 애플 등에서는 B2Cbusiness to consumer(기업과 소비자 간의 거래)로 개인들이 이용할 수 있는 여러 가지 소프트웨어도 출시해왔습니다.

인공지능의 작동 방법을 보면 '교재'가 확실하게 좋아야 한다는 점을 알 수 있습니다. 예를 들어, 어떤 회사가 휴게소를 운영하고 있다고 가정해봅시다. 매출을 늘리기 위해 인공지능을 통해 분석 시스템을 만들려고 한다면, 우선 많은 데이터가 필요합니다. 차가 몇 대 왔다갔고 주차는 몇 대가 되어 있었는지 정도의 간략한 정보가 아니라 어떤 시간대에 누가 와서 어떤 것들을 구매하는가와 같은 '양질의 데이터'가 대량으로 축적되어 있어야 한다는 것이지요.

인공지능, 어디까지 왔니?

그렇다면 4차 산업혁명의 꽃이라 할 인공지능은 현재 어느 수준까지 진화해 있는 것일까요? 2016년 봄, 인공지능과 인간의 대결로 세간의 이목이 집중된 승부, 다들 기억하실 겁니다. 구글 딥마인드가 개발한 인공지능 바둑 프로그램인 알파고가 이세돌 9단과의 대결에서 4 대 1로 승리하지 않았습니까?

최초로 인공지능이 인간과 대결한 것은 1990년입니다. 앨버타 대학 교수인 조나단 쉐퍼Jonathan Schaeffer가 개발한 쉬누크Chinook가 체스 게임에서 세계 챔피언인 마리온 틴슬리_{Marion Tinsley}와 대결해 1990년, 1992년에는 쉬누크가 패했으나 1994년 틴슬리의 건강 악화로 쉬누크가 승리하게 됩니다. 이후 1997년 IBM에서 개발한 체스 인공지능 프로그램인 딥블루_{Deep Blue}가 세계 챔피온 개리 카스파로프_{Garry Kasparov}와 대결해 승리하게 되고요.

인공지능 VS 인간

1994년	1997년	2011년	2016년
쉬누크(승)	딥블루(승)	왓슨(승)	알파고(승)
VS	VS	VS	VS
체스 챔피언	체스 챔피언	퀴즈 챔피언	바둑기사
마리온 틴슬리(패)	개리 카스파로프(패)	켄 제닝스와	판후이&이세돌(패)
		브래드 루터(패)	

2011년에는 IBM에서 개발한 인공지능 퀴즈 프로그램인 왓슨_{Watson}이 명성을 날리게 되는데, 미국의 인기 퀴즈쇼 '제퍼디'에 출연해 상금 7만 7,147달러를 획득함으로써 챔피언 켄 제닝스_{Ken Jennings}와 브래드 루터_{Brad Rutter}를 이긴 것입니다. 2016년 1월, 알파고는 이세돌과의 대결

이전에 유럽 챔피언 출신인 중국계 바둑기사 판후이樊麾와의 대결에서 먼저 승리했었고요.

인공지능은 예술 분야에도 도전해서 화제를 모은 바 있습니다. 딥드림Deep Dream이라는 프로그램은 화가로 나섰는데, 인간의 신경망을 이미지화한 후 이를 빅데이터화해 추상화를 제작했습니다. 역시 화가의 꿈을 가진 아론Aron은 인간의 신체 구조에 대한 정보를 바탕으로 색채가 강렬한 그림을 제작했고요. 작곡가를 꿈꾼 쿨리타Kulitta는 기존 작곡가들의 음악 데이터를 분석해 작곡 실력을 뽐낸 바 있습니다.

AI 예술가

추상화 그리는 딥드림
인간 신경망 ⟶ 이미지화
⟶ 빅데이터화 ⟶ 추상화 제작

색채가 강렬한 그림을 그리는 아론
인간 신체구조 정보 ⟶ 빅데이터화
⟶ 그림 제작

작곡하는 쿨리타
작곡 데이터 분석 ⟶ 작곡

인공지능에 의한 소설 창작도 화제가 되었습니다. 기존 작가의 작품을 학습해 스토리를 만들고 문장을 작성하는 프로그램이 등장한 것이지요. 변호사로 취직한 로봇도 있고, 시나리오 작가로 데뷔한 인공지능의 소식도 얼마 전 뉴스에서 본 기억이 있습니다. 그렇다면 이제 앞으로는 우리가 하는 일의 대부분을 인공지능이 떠맡게 될 것만 같습니다.

우리나라에서도 점차 '왓슨'이라는 인공지능 의사를 도입하는 병원들이 늘어나고 있다고 했는데요, 길병원이 우리나라 최초로 왓슨을 도입해 화제를 모은 바 있습니다. 왓슨이 도입된 후 실제로 환자를 진단하다 보니 인간 의사의 진단 결과와는 상이한 결과가 종종 발생한다고 합니다. 만약 여러분이 환자나 보호자라면 왓슨의 진단 내용과 인간 의사의 진단 내용 중에 어느 쪽을 믿을까요? 조사 결과로는 왓슨을 신뢰하는 사람이 더 많다고 합니다. 왓슨은 환자의 정확한 생존율과 생존 기간을 과거의 데이터를 추산해 확실하게 보여줍니다.

재미있는 것은 왓슨이 도입된 후 인간 의사들의 변화인데요, 왓슨을 도입한 병원의 책임자한테 왓슨 도입의 장점을 물었더니 예상을 깨는 답변이 돌아왔습니다. 의사들의 학습이 늘었다는 겁니다. 인공지능이 도출해낸 진단과 다른 경우가 많이 나오면 창피하겠죠. 그래서 인간 의사들이 더 많은 공부를 하고 신중하게 진단을 내리게 되었다고 합니다. 인공지능 덕분에 의사들이 자극을 받게 된 셈이죠.

인공지능 발달이 일자리에 미치는 영향

가장 위험에 처한 일자리	살아남을 수 있는 일자리
① 회계사	① 트럭운전기사
② 출납원	② 가정보건사
③ 비서	③ 전기기술자
④ 타이피스트	④ 목수
⑤ 은행 직원	⑤ 웨이터
⑥ 정육점 주인	⑥ 가사도우미
⑦ 경리	⑦ 버스운전사
⑧ 약사	⑧ 택시운전사
⑨ 문서 정리원	⑨ 통신 설치사
⑩ 우체국원	⑩ 방문 판매자

*출처 : 호주 연방정부

확실한 변화를 이끄는 것이 진정한 혁명

4차 산업혁명의 시대에는 이런 인공지능의 활약이 더욱더 두드러지게 나타나게 될 터인데, 사실상 3·4차 산업혁명은 구별이 모호한 측면이 많습니다. 1차 산업혁명에는 증기기관의 발명과 석탄이라는 확실한 기술과 에너지원이 있었습니다. 2차 산업혁명에는 전기와 석유를 통해 부를 축적한 사람들이 새롭게 등장했고요. 그런데 4차 산업혁명은 3차 산업혁명을 특징짓는 '인터넷을 기반으로 한 대체에너지'에 대한 개념 정립도 제대로 되어 있지 않은 상황에서 등장했다는 것입니다. 4차 산업혁명의 새로운 영역에 아무리 사물인터넷, 인공지능 등의 개념을 포함시켜도 3차 산업혁명의 정보화 혁신과 뚜렷하게 구별되지 않는다는 것이죠.

사물인터넷은 3차 산업혁명에서도 많이 언급되었었고 3D 프린터도 만들어진 지 꽤 오랜 시간이 지났습니다. 4차 산업혁명과 관련해 인공지능이 많이 거론되지만 인공지능 기술이 등장한 지도 수십 년이 되었고요. 그래서 전문 기술자들 중에는 4차 산업혁명이 획기적이라고 얘기하지만 아직 갈 길이 멀다고 생각하는 사람도 있고, 4차 산업혁명이라는 말 자체가 틀렸다고 주장하는 사람들도 있습니다. 3차 산업혁명을 5단계로 나누고 현재 3단계쯤에 와 있다고 주장하는 사람들도 있는 것이고요.

하지만 여기서 중요한 것은 앞서 살펴본 '줌피자'와 '아마존고'의 예와 같이 기술 혁신이 실제 우리 생활에 어떤 변화를 초래했느냐는 것입니다. 2016년 다보스포럼의 주제는 4차 산업혁명이었고, 올해는 4차 산업혁명을 성공적으로 이끌기 위한 리더십이 주제였습니다. 클라우스 슈밥이 언급했던 것처럼 개별적 성장보다는 광범위한 협업이 4차 산업혁명 성공의 필수 요건일진대, 이제 새로운 미래 산업의 주역들은 보다 시스템적으로 생각하고 플랫폼 차원으로 접근해 빠른 의사결정을 내릴 수 있는 구조적 여건을 정립해야 합니다. 아직 4차 산업혁명의 개념이 애매모호하지만 전 세계 지도자들은 저마다 새로운 미래의 가치를 담보하고자 힘차게 속도를 내고 있는 상황입니다.

4차 산업혁명을 맞는 대한민국의 현실

|

현재 대한민국에서 벌어지는 4차 산업혁명과 관련한 논의를 보면
현실과 이론 사이에 엇박자가 나는 경우가 꽤 많다.
이런 안타까운 상황을 극복하는 것이 우리 모두의 숙제다.

필요한 지식과 불필요한 지식

경제 흐름의 방향이 바뀌고 있는 만큼 정부의 고민도 깊습니다. 현재
의 경기 침체를 벗어나고 새로운 도약을 위해서는 4차 산업혁명을 절
호의 기회로 삼아야 하는데, 구체적으로 어떻게 하는 것이 가장 바람
직한가에 대해서는 갑론을박만 있을 뿐 실체적으로 접근하지 못하고
있기 때문입니다. 기술에 투자를 해야 한다는 원론적인 이야기만 있
지, 어떤 결과가 예상되기 때문에 어떤 기대를 갖고 어떤 세부 분야

에 투자를 할 것인지에 대한 아이디어가 없는 상태입니다.

최근 대기업 CTO(최고 기술 경영자)들과 함께 4차 산업혁명에 관련한 컨퍼런스를 개최한 적이 있는데, 연사로 나섰던 전문가들이 인공지능의 종류를 세세하게 나눠서 설명하더라고요. 인공지능에는 머신러닝과 딥러닝이 있고 머신러닝에는 슈퍼바이즈드Supervised, 언슈퍼바이스트즈드Unsupervised가 있다. 딥러닝은 사실상 4가지로 나눈다 등등 전문가들이 열심히 설명을 했지만, 청중들은 그런 세부적인 사항에는 관심도 없고 잘 알지도 못하는 듯 지루해했습니다. 일반인들은 인공지능 자체가 뭔지도 잘 모르는데 전문가들은 인공지능에 대해 전문용어를 써가며 상세하게 설명하면서 기술적인 부분들까지 이야기하기 때문입니다.

생명공학도 마찬가지입니다. 사람들은 DNA나 펩타이드peptide과 같이 생명공학 용어가 등장하면 대개 관심을 보이지 않는데, 전문가들은 용어 각각이 어떻게 다른지, 왜 의미가 있는지를 아주 세세한 부분까지 소분류로 나누어서 설명하려고 합니다. 이러다 보니 일반인과 전문가 사이의 간극이 좁아질 수 없는 것입니다.

한 대학 교수가 자신의 책에서 전문가들이 일반인과 소통을 잘하지 못하면서 본인의 권위와 지식만을 강조한다는 것을 비판하며 다음과 같이 비유한 적이 있었습니다. 파리에 관해 궁금증을 가지게 된 학생이 있었습니다. 이 학생은 파리에 대해 모르는 게 많으니까 파리의 무엇 하나도 제대로 설명할 수 없는 어설픈 상태입니다. 그는 부족함을 느끼고 파리학을 공부하기 위해 대학원에 입학하기로 결심합니다.

대학원에 들어가 파리학 석사과정생이 된 학생은 파리의 특정 부위, 파리 뒷다리를 전공해 석사학위를 받습니다. 그러곤 파리학 박사과정에 들어가서는 파리 뒷다리를 통째로 전공해서는 절대로 박사학위를 취득할 수 없기 때문에 '파리 뒷다리 발톱'을 전공합니다. 그리고 박사가 되어 시민 강연에 나서 자신의 박사학위논문 내용을 설명합니다. 어떤 일이 벌어졌을지 상상할 수 있겠죠?

더 있었습니다. 파리 발톱을 전공한 박사들 간에도 발톱의 부위별 전공 부위가 달라 커뮤니케이션이 쉽게 일어나기 어렵다는 것입니다. 전공 교수들끼리도 사용하는 전공 용어상의 차이로 인해 커뮤니케이션이 안 되는 경우가 종종 발생합니다.

이 이야기에는 학문을 지나치게 세분화하고 전문화시키다 보니 전문가 스스로도 전체를 보는 시각을 잃어버려 지식의 전달이 일어날 수 없는 우를 범한다는 지적이 담겨 있습니다. 또한 전문가들이 전문 지식에 대한 권위를 바탕으로 보통 사람들은 전혀 관심이 없는 내용을 얘기하는 경우가 많다는 것을 비꼬는 사례이기도 합니다. 우리는 파리 전체를 이해하는 과정을 먼저 거쳐야 할 필요가 있습니다. 파리의 특정 부위가 파리 몸통 전체와 어떤 구조적 연관성을 갖고 있는지에 대한 지식 없이는 파리를 이해할 수 없는 것입니다.

무늬만 4차 산업혁명인 것들

과학자들은 남들이 연구하지 않은 미지의 세계를 연구하려고 하다 보니 정작 중요한 것은 놓친 채 일반 사람들의 관심사와 자꾸 멀어지고 있습니다. 4차 산업혁명과 관련하여 대중들은 도대체 4차 산업혁명이 도래하면 어떻게 세상이 변화하고 변화된 세상 속에서 자신이 어떤 일을 할 수 있을지가 궁금하거든요. 그런데 전문가들은 "로봇이 날아다녀야 하는데 아직 날지 못하고 있으니 날 수 있게 해주세요"라는 말만 하고 있는 것 같습니다. 정부에서 4차 산업혁명 분야에 돈을 투자해 경제를 활성화시켜야 하는데 무엇을 어떻게 해야 할 것인지 아이디어가 나오지 않는 이유입니다.

모두들 그저 'R&D가 가장 중요하다', '3D 프린터가 가장 중요하다', '로봇 기술, 인공지능이 가장 중요하다'며 각자 자신의 분야만 이야기하고 있으니 접점이 생기질 않습니다. 국가 차원에서의 투자가 이루어지기 위해서는 거시적인 관점에서 중요도를 파악하고, 국가의 예산이 어디에, 어떻게, 왜 써야 하는지에 대한 대답이 선행되어야 합니다.

하지만 그런 긴급한 추경예산을 중장기 R&D 비용으로 쓰거나 로봇에 투자해 비행이 가능한 로봇이 개발된다면, 그로 인한 고용 창출 효과가 얼마나 되는지, GDP는 얼마나 높아질 수 있는지에 대한 고민과 토의는 전혀 이뤄지지 않고 있는 상황입니다. 그저 '로봇이 날아야 하는데 우리는 아직 못 날고 있으니 이 분야에 투자를 해야 한다, 그러니 추경예산을 빨리 투입시켜달라'고만 요구하고 있습니다. 모두들 4차 산업혁명에 대해 이야기하지만 구체적으로 국가 경제에 미치는 영향이나 고용 창출 효과 등 현실적인 이야기를 하는 사람들은 거의 없습니다.

이제는 더 이상 추상적인 담론이 아니라, 국가 경제를 살리고 기업 경쟁력과 실업률 제고를 위해 4차 산업혁명의 실질적인 방향과 액션플랜을 짜야 합니다. 개별 분야가 각각 따로 놀 것이 아니고 그야말로 모든 분야의 전문가들이 한데 모여 머리를 맞대고 융복합화를 통해 정책과 제도를 마련해야 합니다.

선진국에서는 4차 산업혁명과 관련하여 스마트 팩토리가 생겨나고 있고, 다양한 공유경제 플랫폼이 탄생해서 생산성 향상을 이루고 사람들의 생활을 점점 편리하게 만들어가고 있습니다. 그러나 우리나라에서는 말만 무성할 뿐 손에 잡히는 내용이 거의 없는 상태입니다. 4차 산업혁명은 단지 언어의 향연으로 만들어지는 것이 아님을 알아야 할 것입니다.

4차 산업혁명은 언제 이루어지는 걸까

미국의 캘리포니아 주에서는 2018년부터 공식적으로 자율 주행차가 허가됩니다. 미국 피츠버그에서는 2016년 9월 자율 주행차 시범 서비스가 시작되는 등 기술적 수준이 크게 진전된 상태입니다. 그러니 2018년 자율 주행차가 공식적으로 합법화된다는 것도 그리 이른 일은 아니죠. 유럽에서는 디젤차의 도심 통행 금지가 논의되고 있습니다. 프랑스 파리에서는 2020년부터 디젤차 진입이 금지될 예정이라고 합니다. 독일에서는 2030년부터 가솔린이나 디젤 연료를 사용하는 내연기관 자동차를 신규 등록해주지 않겠다는 방침을 세웠습니다. 도심에 가솔린이나 디젤 차량을 주행하지 못하게 한다는 것은 가솔린, 디젤 차량의 생산을 점차 줄여 결국 생산을 중단시킬 것을 암시합니다. 현대자동차와 같은 우리나라 자동차 업계의 시름이 깊은 이유이지요.

4차 산업들이 속속 공식화되고 있는 까닭에 우리나라 대기업과 정부에서도 대응 방안을 만들기에 분주한 모습입니다만, 아직 뚜렷한 방안을 내놓고 있지는 못합니다. 예를 들어, 삼성전자가 인공지능을 활용해 가전제품을 생산한다고 상상해보죠. 앞서 언급했듯이 인공지능을 제대로 활용하기 위해서는 빅데이터(교재)와 알고리즘(공부법)이 핵심이라고 했습니다. 인공지능이 가전제품을 만들려면, 가전제품

생산에 필요한 원료, 생산, 관리, 유통 등 관련된 정보들(빅데이터)이 있어야 하고, 이 정보들을 활용해 어떻게 생산할 것인지를 유기적으로 관리하는 시스템(알고리즘)이 있어야 합니다. 하지만 그동안 삼성은 가전제품을 만드는 데 필요한 원료는 A라는 컨설팅 회사에게 외주를 맡겼고, 생산은 B가, 관리는 C가, 유통은 D가 도맡아서 진행했다고 가정해봅시다. 각 회사마다 프로그램과 데이터 처리 방식이 다 다르기 때문에 하나로 통합된 빅데이터와 알고리즘을 짜려면 막대한 비용이 듭니다. 또 서로간의 데이터도 호환되지 않는 경우가 허다합니다. 현실 경제는 아직 4차 산업혁명과 많이 동떨어져 있는 상태라는 것이죠.

우리나라 대기업들이 생산성 향상을 위해 주목하고 있는 스마트 팩토리(인공지능이 도입되어 생산 속도나 부가가치가 높아진 공장)도 마찬가지입니다. 스마트 팩토리가 제대로 만들어지려면 원료, 생산, 유통, 마케팅, 관리 등 모든 분야의 데이터가 오랫동안 체계적으로 축적되어 있어야 합니다. 또한 데이터들이 유기적으로 연결되어 일관된 시스템으로 움직여야 하는데, 처음부터 시스템이 그렇게 설계되고 관리되어 있지 않으면 우리가 지금 상상하고 있는 스마트 팩토리는 불가능합니다. 이 때문에 대기업은 4차 산업혁명에 발맞추고 싶어도 시도할 수도 없고 엄두도 안 날지 모릅니다.

우리나라에서 4차 산업혁명이 더딘 이유

앞서 '왓슨'이라는 인공지능 의사를 도입한 병원 사례를 들여다봤는데요, 왓슨의 활용에 대해서도 스마트 팩토리의 도입이 어려운 이유와 동일한 이유로 시름이 깊습니다. 왓슨의 데이터가 진단의 정확도와 신뢰성을 높이려면 우리나라 환자들에 대한 자료가 많이 축적되어 있어야 합니다. 하지만 우리나라는 개인의 프라이버시를 이유로 비식별 데이터, 즉 그 정보가 누구의 것인지를 알 수 없는 정보조차도 확보하기가 상당히 어렵게 되어 있습니다.

반면에 미국에서는 암 환자들에 대한 데이터가 많이 모여 있습니다. 데이터가 많이 축적되어 있다 보니 미국에서는 위암 환자가 발생했을 때 어떤 증상을 보이는지, 어떤 진단과 처방이 효과가 있는지에 대한 정보가 많이 있을 겁니다. 국내에서도 환자들의 다양한 데이터가 있어야 축적된 데이터를 기반으로 더 정확한 진단을 내릴 수 있습니다. 같은 병명이라도 인종이나 생활환경에 따라 진단과 처방이 얼마든지 달라질 수 있기 때문입니다.

의료 분야에서의 빅데이터가 환자에 대한 처방이나 신약 개발 등에 활발하게 사용되기 위해서는 데이터의 표준화 작업과 개인 정보보호를 위한 비식별화가 가장 중요합니다. 빅데이터가 진단이나 신약 개발 현장에서 본격적으로 사용되기 시작하면 굉장한 파급력을 가져올 것입니다. 정부가 최근 비식별 데이터에 대한 가이드라인을 제시했지만, 그 또한 구체적이지 않고, 활용도에 있어서 사회적 합의가 이루어지지 못하고 있는 상황입니다. 식별 정보와 비식별 정보, 민감한 정보와 그러지 않은 정보에 대한 정의를 내리지 못한 것이지요. 그러다 보니 아쉽게도 국내 관련 업체들은 개인 정보 문제가 생길 것을 우려해 필요한 데이터조차도 전혀 적용하지 못하고 있는 상황입니다.

이런 상황에서는 선진적인 기술을 도입해봤자 무용지물이 될 수밖에 없습니다. 개인 정보나 의료 데이터의 안전과 보호도 중요하지만, 이와 같은 우려가 빅데이터 구축을 지연시키는 명분으로 작용해서는 안 될 것입니다. 특히 의료 분야에서의 빅데이터는 인공지능과 관련한 기술 개발을 촉진하고 효율적인 의료 시스템으로 변화시킬 바탕이지만, 공유가 전제되지 않으면 효율적이지도 않고 경쟁력도 사라질 것입니다.

4차 산업혁명 시대에 다양한 산업들이 발전하기 위해서는 현실에 맞는 법규 제정이 급선무되어야 합니다. 정부의 관련 규제도 완화될 필요가 있습니다. 더 이상 정부가 주도하는 탑다운top-down 방식으로는 발전이 더딜 뿐 아니라, 현실과 동떨어진 정책으로는 관련 산업들이 도태되기만 할 뿐입니다. 기업이 자생적으로 활용할 수 있는 플랫폼을 만들어 데이터를 제공하고 이를 자유롭게 융합해 사용할 수 있는 명확한 기준에 근거한 가이드라인을 만드는 것, 이것이 정부의 역할인 것입니다.

현실과 이론 사이의 엇박자를 맞춰야

세계적으로 이루어진 대규모 M&A를 살펴보면, 성공 사례보다는 실패 사례를 훨씬 더 쉽게 찾아 볼 수 있습니다. 승자의 저주Winner's Curse가 일어난 거래가 많다는 것입니다. 글로벌 컨설팅 회사인 베인앤컴퍼니에 따르면, 이런 M&A에서의 실패 사례는 만용에 가까운 지나친 자신감과 도덕적 해이moral hazzard에 의해서 일어난다고 합니다.

지나친 자신감은 인수하는 쪽의 경영자가 자신의 실력이나 능력을 과대평가하여 기업을 인수해서 경영하면 기존의 경영자보다 훨씬 더 잘할 수 있다고 막연히 생각하는 것이고, 도덕적 해이는 거래와 관련된 모든 이해 당사자 사이에 거래가 성사되어야만 자문료나 수수료를 챙길 수 있기 때문에 무리해서 M&A를 성사시킨다는 것입니다. 마찬가지로 지금 벌어지고 있는 4차 산업혁명과 관련된 회의나 포럼에 참석해보면 지나치게 낙관적인 시각으로 현실을 외면하는 경우도 많고, 능력이 부족하고 준비가 안 되어 있어도 일단은 해보자는 식으로 밀어붙이는 경우를 자주 볼 수 있습니다.

도로에서 자동차는 시속 100킬로미터가 최대인데 200킬로미터의 속도의 자동차를 만들자고 한다면, 거기에 합당한 이유가 있어야 할 것입니다. 기술을 위한 기술, 개발을 위한 개발은 의미가 없습니다. 이렇게 4차 산업혁명과 관련해서는 현실과 이론 사이에 엇박자가 나는 경우들이 꽤 많습니다. 그렇다면 4차 산업혁명을 맞는 대한민국의 이 안타까운 상황을 어떻게 극복해야 할까요? 우리 모두의 숙제가 아닐 수 없습니다.

PART2

경제학, 인간과 기계의 세계를 해석하라

인간과 인공지능이 공존할 4차 산업혁명 시대에도 세계의 컨트롤 타워 역할을 할 수 있는 것은 결국 인간이다. 인공지능의 알고리즘을 구현하고, 인공지능과 소통할 수 있으며, 인공지능을 조정할 능력이 있는 인간이야말로 4차 산업혁명의 리더가 될 것이다.

미래는 더 이상 예측의 대상이 아니다

|

미래는 더 이상 예측에 의해 움직이는 시대는 아니다.
불확실성이 가득한 시대에는 예측을 넘어서는 지혜,
무엇보다 사람을 정확히 읽어내는 지혜가 필요하다.

불확실성 속에 피는 꽃

앞서 '전문가의 저주'를 들어 설명한 것처럼 변화가 없는 사회나 변화
의 폭이 적은 사회라면 지식인들이 가지고 있는 패러다임을 통해 미
래를 예측하는 일이 가능하지만, 빠른 변화가 나타나는 사회에서는
지식인들조차 미래를 예측하는 일이 불가능합니다. 미래학자들의 예
측이 빗나가는 것도 이런 까닭입니다. 현재의 패러다임을 가지고 미
래를 예측하기 때문이지요.

같은 현상이 반복적으로 나타난다면 과거의 경험이 미래를 예측하는 데 중요하겠지만, 거듭 새로운 현상이 나타난다면 한 번도 경험해보지 못한 것에 대해 예상하거나 예측하기란 어려운 일이 될 것입니다. 블랙 스완Black Swan이란 이처럼 이제껏 한 번도 경험해보지 못해 예측할 수 없는 일이 벌어졌을 때 사용되는 말입니다. 도저히 일어날 것 같지 않은 일이 일어났다는 것이죠.

블랙 스완 – 도저히 일어날 것 같지 않은 일이 실제 발생하는 상황

다시 미국의 금리 인상을 예로 들어볼까요? 미국이 금리를 인상하면 주가는 반드시 하락하고, 후진국의 주가는 그보다 더 떨어져서 폭락하게 됩니다. 보통 금리와 주가는 역逆의 관계에 있는 것으로, 금리가 높으면 사람들은 위험률이 큰 주식보다는 안정적 수익을 낼 수 있는 은행에 돈을 맡깁니다. 그래서 금리 인상이 되면 주가가 하락하는 것인데, 미국의 금리 인상은 후진국에도 크게 영향을 미쳐 후진국에 투자했던 자금이 모두 빠져나가면서 후진국의 주가는 더욱 떨어지게 됩니다. 그러므로 미국의 금리 인상은 선진국에서는 주가 하락, 후진국에서는 주가 폭락으로 이어지게 되는 것이지요.

그런데 이상한 일이 발생했습니다. 2017년 초에 미국이 금리를 인상했는데 주가가 오른 것입니다. 몇몇 기업의 주가가 오른 것이 아니라 모든 주가가 올랐습니다. 일부 전문가들은 이를 두고 2017년 네 차례 있을 것으로 예고되었던 금리 인상 횟수가 세 차례로 줄어들 가능성이 높아지면서 '불확실성이 제거되어 주가가 상승했다'고 분석하기도 했습니다.

이를 행동경제학에서는 '사후 확신 편향Hindsight Bias'이라고 합니다. 사후 확신 편향은 어떤 결과가 나오면 "내가 이럴 줄 알았어"라고 자신이 미리 예측했던 것처럼 행동하는 것을 의미합니다. 4차 산업혁명은 애매모호하고 불확실성이 큰 분야입니다. 인공지능 전공자는 인공지능이 4차 산업혁명을 주도할 것이다, 드론 전문가는 드론이 4차 산업혁명을 주도할 것이다, 하는 예측을 내놓지만 어느 것도 확실한 건 없습니다.

블랙 스완과 그레이 스완을 넘어서라

이렇게 예측이 불가능한 상황을 앞서 언급한 것처럼 '블랙 스완'이라고 부릅니다. 머릿속에 백조를 떠올려볼까요? 보통 백조라고 하면 흰색 백조를 떠올리게 되지요. 그런데 어느 날 호주에서 검은색 백조가 발견되었습니다. 전혀 예상하지 못했던 상황이 발생한 것이죠. 나심 니

콜라스 탈레브Nassim Nicholas Taleb가 그의 저서 《블랙 스완》에서 2008년 이후의 금융위기를 블랙 스완이라 빗대어 표현했는데, 그는 2008년 이후의 금융위기를 이처럼 예상하지 못했던 상황으로 본 것입니다.

그렇다면 무엇이 그토록 예상치 못했던 상황이었을까요? 일반적으로 경기 침체는 일정한 경제 단위 지역에 국한해 발생합니다. 세계화 이전의 경제는 한 나라의 경제 사정에 따라 국가 개별 단위로 발전과 침체가 구분되어 일어났습니다. 하지만 2008년 이후의 금융위기는 전 세계에서 연쇄적으로 발생했고 또 장기화되었습니다. 2008년 이전에는 전 세계적이고 장기적인 금융위기는 겪어보지 못한 현상이었는데, 이 때문에 2008년 이후의 금융위기를 블랙 스완이라 부른 것이지요.

뉴 애브노멀(새로운 비정상 상황)에서는 예측이 불가능한 블랙 스완이 또다시 나타날 가능성이 있습니다. 전 지구적으로 모든 것이 촘촘히 얽혀 있는 상황에서 예측이 더 이상 본연의 역할을 담당하지 못하는 시대가 온 것입니다.

그런데 흰색 백조에 이어 검은색 백조가 있다면, 회색 백조 또한 없으리란 보장이 없겠죠? 블랙 스완이 예측이 불가능한 상황에서 발생한 악재를 의미한다면 회색 백조, 즉 그레이 스완Gray Swan은 예측은 가능하지만 대책 마련이 어려운 상황을 의미합니다. 예를 들면, 2016년 영국이 EU를 탈퇴할 것이라는 전망은 있었지만 EU 관련 국가 및 경제기관에서 브렉시트에 대한 뚜렷한 대응책을 마련하지 못한 것과 같은 상황을 일컬어 그레이 스완이라고 합니다.

그레이스완 - 어떤 일이 발생할 것을 예측은 했으나 해결책이 없어 위험한 상황

최근 세계 경제는 구조적 장기 침체를 겪어왔으며, 앞으로도 이 장기 침체에서 벗어나기 어려울 것이라는 예측은 있습니다. 하지만 정부와 기업들이 새로운 경기 회복 대책을 내놓아도 경기가 회복되지 않다 보니, 그러니 어떤 효과적인 대책도 내놓을 수 없는 곤란한 상황이 오늘날의 세계 경제 상황입니다. 딱 그레이 스완이라고 볼 수 있겠죠.

이렇듯 현재의 이러지도 저러지도 못하는 경제 상황이 역설적으로 4차 산업혁명 시대의 바탕이 되고 있다는 것인데, 경제뿐만 아니라 모든 분야에서의 불확실성이 오히려 더욱 큰 기회로 작용하고 있는 것이 새로운 미래의 주소라고 하겠습니다.

사후 확신 편향, 예측은 누구라도 한다

불확실성이 가득한 시대이지만 그럼에도 4차 산업혁명이 초래할 장밋빛 미래에 대해 이야기하는 전문가들이 있습니다. 로봇 전문가, 인공지능 전문가 등입니다. 전문가들은 자신의 분야가 4차 산업혁명을 주도하고 4차 산업혁명 이후에는 세계가 급변할 것이라 예측합니다. 하지만 과연 예측대로 세상이 변화하게 될까요?

예를 들어, 전문가들은 미래에 은행이 사라질 것이라고 예상합니다. 하지만 현장에서 일하는 사람들은 은행이 절대 없어지지 않을 것이라고 말합니다. 인공지능으로 인해 약사가 없어질 것이라 전망하는 사람들이 많지만 기득권 세력의 반발이 심해 이는 결코 쉽지 않을 것입니다.

이렇듯 4차 산업혁명이 예상대로 진행되지는 않을 것이라는 전망에도 불구하고 일부 전문가들은 여전히 현 상황에서 예측에의 유혹을 떨쳐버리지 못하는데, 이쯤에서 겨울을 나는 지혜를 갖춘 인디언 추장 이야기를 하나 소개해볼까 합니다.

아주 먼 옛날, 과학 기술이 없고 기상청도 없으니 인디언들은 추장에게 겨울 준비를 어떻게 해야 할까를 묻기로 했습니다.

"추장님, 올해 겨울은 얼마나 추울까요? 어떻게 겨울을 준비해야 할까요?"

추장은 어떻게 대답했을까요? 이번 겨울이 춥지 않을 것이라고 대답했는데 만약 심한 추위가 온다면 추장 말을 듣고 월동 준비를 제대로 하지 않은 인디언들은 호된 겨울을 맞아야 할 것이고 추장은 입장이 난처해지겠지요. 반대로 추장이 올 겨울은 추울 것이라고 대답했고 결국 매서운 추위가 왔다면 추장의 예측이 잘 맞았다고 할 수 있습니다. 혹여 겨울에 큰 추위가 오지 않더라도 추장은 신에게 자신이 기도를 잘 드려서 추위를 막았다고 변명할 수도 있을 겁니다. 그래서 인디언 추장은 항상 올해 겨울은 추울 것이니 땔감을 잘 준비하라고 이야기합니다. 이런 추장의 말을 들은 인디언들은 땔감을 많이 준비하겠지요.

추장 자신도 겨울 날씨를 예측할 수는 없기 때문에 정보를 수집하고자 마을에 가서 사람들의 동향을 파악해봅니다. 마을 사람들은 추장의 말을 듣고 땔감을 많이 준비하고 있었습니다. 그 모습을 보고 추장은 속으로 '사람들이 땔감을 많이 준비하는 것을 보니 올 겨울은 무척 춥겠군' 하고 확신을 갖게 되고, 또 다시 사람들에게 강조합니다. "이번 겨울은 매우 추울 것이니 단단히 준비하라"고 말입니다. 어처구니없는 질문과 답변이 계속 반복되는 것이지요.

이 우화는 경제학자들을 비꼬는 데 자주 사용되는 이야기입니다. 결과(추운 겨울을 나기 위해 땔감을 준비하는 마을 사람들)를 두고 마치 자신이 이미 예상했다고 말하는 '사후 확신 편향'을 다룬 것입니다.

확신 편향, 예측은 모두의 것인가

반대의 경우도 있습니다. 자신의 이론을 반증하기 위해서 여러 가지 증거 중에 자신에게 유리한 한 가지 증거만을 사용해 설명하는 것인데, 이를 '확신 편향'이라고 부릅니다. 많은 전문가가 4차 산업혁명을 예측하며 확신 편향을 이용하는 경우가 많습니다.

예를 들면, 로봇 전문가가 4차 산업혁명이 로봇의 주도로 이뤄진다고 주장하기 위해 로봇과 관련된 내용만을 설명하는 경우가 있겠지요. 드론은 어떻습니까? 드론 전문가들은 향후 전쟁을 할 때에도 드론을 사용하는 등 인간이 할 일을 드론이 대부분 대신해줄 것이라고 전망합니다. 하지만 드론은 바람에 취약하다는 큰 문제점을 지니고 있지요. 돌풍이 불면 드론은 주체할 수 없이 흔들리게 됩니다. 해킹에도 속수무책이고요. 해킹을 통해 얼마든지 드론의 방향을 바꿀 수 있으니까요.

기술 자체에 대한 이해도 중요하겠지만, 이를 제대로 실현시키기 위해서는 기술뿐 아니라 우리를 둘러싸고 있는 수많은 변수를 고려하지 않을 수 없습니다. 이론적으로나 기술적으로는 전기차를 상당히 가볍게 만들 수 있겠지만 날씨와 환경, 그리고 주행 속도를 고려해 차체를 무겁게 만들 수밖에 없는 것처럼 말이지요.

얼마 전 로봇 전문가를 만났더니 2018년에 우리나라에서 열릴 평창 올림픽에서 로봇들이 길 안내와 통역 서비스를 제공한다고 하더군요. 하지만 만약 사람들이 많이 몰려서 로봇이 넘어지면 어떻게 될까요? 사람이 로봇을 일으켜야 합니다. 안내받는 '사람'이 안내하는 '로봇'을 거꾸로 보호해야 하는 웃지 못할 상황이 펼쳐지는 것인데, 이런 현실적인 문제들이 의외로 많습니다. 이 때문에 정확한 미래를 예측하긴 어렵다는 것이지요. 사실상 미래는 더 이상 예측에 의해 움직이는 시대는 아니라고 봅니다. 끊임없는 불확실성 속에서 기술이 인간의 삶을 어떻게 더욱 조화롭게 바꾸어놓을 것인지를 진정으로 고민해야 할 때입니다. 그것이 선행될 때 우리가 그리는 미래는 더욱 선명해질 것입니다.

경제학에 인간의 심리를 더하다

|

로봇과 인공지능이 활약하게 될 4차 산업혁명의 시대,
그것들로 인해 실현될 꿈의 세상에서 인간이 정작 욕망하는 것이
무엇인지를 정확히 이해하는 일은 참으로 중요하다.

새로운 경제학이 필요한 이유

인공지능이 일상생활에 도입되는 4차 산업혁명 시대에 새롭게 출현
할 경제 흐름을 이해하기 위해서는 새로운 경제학도 필요합니다. 인
간과 인공지능이 공존해야 하기 때문이지요. 이제부터 4차 산업혁명
을 이해하는 데 가장 중요한 학문인 행동경제학Behavior Economics에 대해
알아보려고 합니다. 쉽게 말하자면, 행동경제학은 기존의 표준경제
학에 심리학을 더한 학문입니다.

경제를 이해하는 데 심리학을 더해야 하는 이유를 생각해볼까요? 세계적인 식자재 배달 서비스 업체로 요즘 상승세인 '블루 에이프런 Blue apron'이라는 회사가 있습니다. 블루 에이프런은 유명 셰프가 만든 요리의 레시피와 셰프가 만든 요리를 사진으로 찍은 후에 레시피의 내용과 함께 식자재를 집으로 배달해주는 회사입니다. 블루 에이프 런 이전에는 유명 셰프가 만든 요리를 그대로 포장해서 배달해주는 모델이 있었지만, 이런 업체들은 성공하지 못했습니다. 왜일까요?

유명 셰프가 만든 음식을 그대로 배달해주는 것과 그 요리를 따라 만들 수 있는 식자재를 배달해주는 서비스의 가격이 같다고 한다면 어느 쪽을 선택하시겠습니까? 보통 요리된 음식을 그대로 배달하는 쪽을 선택할 것이라고 예상합니다. 하지만 현실에서 사람들의 선택 은 반대였습니다.

식자재 배달 쪽이 성공한 이유는 SNS 때문인데, 사람들은 식자재 와 함께 레시피가 오면 직접 요리한 뒤 레시피에 있는 사진과 자신이 직접 만든 음식을 찍은 사진을 페이스북이나 인스타그램에 올리고, 싱크로율이 얼마나 되는지, 직접 먹어본 맛은 어떤지를 공유하고 즐 거워하는 것이지요. 이를 행동경제학에서는 '이케아 효과IKEA Effect'라 고 합니다.

이케아 가구는 저렴하고 불편한 제품으로 인식되어 있습니다. 미 국의 이케아 매장들은 워낙 넓어서 외진 곳에 많이 있거든요. 땅 값이 싼 곳을 찾다 보니 지도에도 없는 곳에 매장을 만든 것입니다. 매장을 가보면 물건이 워낙 많고 다양해서 필요한 물품을 찾는 것도 어렵고 안내 직원도 없는데다 기본적으로 배달도 되지 않아 불편합니다. 또 물건을 사서 가져오면 직접 조립해서 만들어야 하거든요. 책상을 조립하면 의자도 마저 조립해야 하니 시간도 오래 걸립니다.

이케아 효과 – 자신의 노력이 개입되면 객관적 가치보다 훨씬 더 높은 주관적 가치를 부여하는 심리적 현상

그런데 재료를 100달러에 사왔다고 해서 자신이 애써 만든 제품을 100달러에 다시 팔라고 하면 팔 사람이 누가 있을까요? 자신의 노력과 땀이 들어갔기 때문에 객관적인 가치보다 더 높게 자신의 제품이 평가받기를 원하는 것을 이케아 효과라고 합니다. 행동경제학자 댄 애리얼리Dan Ariely가 사람들은 자기가 만든 것을 과대평가하는 경향이 있다며 《상식 밖의 경제학》이라는 책에서 언급한 내용입니다.

NIH 효과라는 것도 있습니다. NIH는 'Not Invented Here'의 약어로, 나나 우리가 한 것이 아닌 것은 배척하려는 성향을 의미합니다. 우리에게는 남들이 아무리 좋은 것을 가져온다고 해도 일단 무조건 폄하하려는 성향을 가지고 있다는 것이죠. 동시에 자신의 노동이 투입된 제품은 과대평가하는 것도 포함됩니다. 타인의 것을 폄하하고 자신의 것을 과대평가한다는 것이 행동경제학의 가장 기본 원리입니다. 그래서 사람들이 팀을 만들어서 활동을 하면 시너지 효과가 나지 않고 대부분 역시너지(링겔만 효과: 집단 속에 참여하는 개인의 수가 늘어날수록 오히려 성과가 저하되는 현상)가 난다고 설명합니다.

예를 들어, 팀장이 어떤 아이디어를 내놓으면 속으로는 '그래, 너 혼자 잘해봐'라는 소극적인 마음을 가지고 있다는 것을 행동경제학에서 실험을 통해 입증한 것인데, 그래서 행동경제학을 실험경제학이라고도 부릅니다.

생각의 고착, 앵커링 효과

4차 산업혁명과 행동경제학을 연관시키는 이유는 '앵커링(닻내림) 효과' 때문입니다. 앵커anchor는 배를 정박시킬 때 사용하는 닻을 의미합니다. 한번 닻이 내려지는 앵커링이 일어나면 사람들은 닻과 배가 연결된 밧줄의 범위 안에서만 사고할 수밖에 없다는 뜻입니다. 앵커링 효과와 관련한 실험을 소개해보겠습니다.

한 그룹에 "아프리카 국가의 유엔 가입률이 몇 퍼센트일까?"라는 질문을 던집니다. 대부분 잘 모르고 있죠. 이후 이 그룹을 둘로 나누고 분임 토의를 시키면서 한 집단에서는 80%라는 대답이, 다른 한 집단에서는 20%라는 다른 대답이 나오도록 실험을 진행해봤습니다.

한쪽 방에 90, 다른 쪽 방에는 10이라는 숫자를 적어둡니다. 두 집단은 이 숫자가 적힌 두 방에 따로 들어갑니다. 분임 토의를 하러 들어간 사람들 눈에는 벽에 쓰여 있는 숫자가 보이게 되는데, 사람들에게는 이 숫자를 무의식적으로 자신이 찾고자 하는 답과 연결시키려는 속성이 있습니다. 그래서 90이라는 숫자가 쓰여 있으면 90%는 너무 많은 것 같다고 생각하고 예외 없이 80%와 가까운 답을 제출합니다. 반대로 10이라고 쓰여 있는 방에 들어간 실험 참가자들은 10%는 너무 적은 것 같으니 20% 정도 될 것이라고 예측하고 답을 내놓습니다.

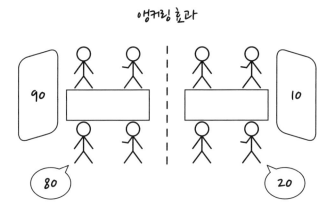

앵커링 효과

이처럼 한번 생각이 고착화되면 여기에서 쉽게 벗어나지 못하는 것을 앵커링 효과라고 합니다. 또 다른 예를 들어볼까요? 동대문 시장에 가서 옷을 사려고 하는데 가게 주인이 처음 제시한 가격이 5만 원이라면 흥정을 할 때 5만 원부터 시작하게 됩니다. 5만 원이라는 가격이 앵커링되어버린 것이죠. 그래서 매사에 앵커링을 '누가 하느냐'가 상당히 중요한 변수가 됩니다.

최근 삼성전자 주가가 200만 원 정도입니다. 그렇다면 삼성전자 주가가 100만 원일 때 봤던 사람은 주가가 뛰었으니 팔아야겠다고 생각할 수 있겠죠. 반대로 주가가 300만 원일 때 봤던 사람은 주가가 낮아졌으니 사두어야겠다고 생각하게 되는 겁니다. 내가 알고 있는 지식이나 내용들이 '어떤 순간'에 앵커링이 되는지가 중요한 까닭입니다.

《스무 살에 알았더라면 좋았을 것들》이라는 베스트셀러를 쓴 미국 스탠퍼드 대학의 티나 실리그Tina Seelig 교수가 진행한 실험도 앵커링의 좋은 예가 될 것 같습니다. 티나 실리그 교수는 한 장소에 모여 있는 사람들을 왼쪽 끝에서부터 오른쪽 끝까지 태어난 해는 고려하지 않고 태어난 날짜 순서대로 서보라고 주문을 합니다. 조건은 아무런 말을 하지 않고 1월 1일부터 12월 31일까지 최대한 빨리 서보라는 것이었습니다. 말을 안 하고 생일 순으로 줄을 서는 간단한 방법은 무엇일까요? 누군가 먼저 손가락으로 자신의 생일을 표시합니다. 그러면 다른 모든 사람들이 손가락을 들어 자신의 생일을 표시하면서 줄을 설 수 있겠죠.

또 다른 경우도 있을 수 있습니다. 누군가 먼저 주민등록증을 내밀어 생일을 공개하는 방법을 쓴다면 다른 사람들도 주민등록증을 내밀기 시작할 겁니다. 누가 칠판에 생일을 적으면 모두가 칠판에 생일을 적고요. 맨 처음 사람인 퍼스트 펭귄이 한 방식을 모든 사람이 따라 한다는 겁니다. 맨 처음 사람의 방식이 비효율적이라 시간이 오래 걸릴지는 고민하지 않고 그대로 따라갑니다. 맨 처음 사람의 방식에 앵커링된 것이지요.

4차 산업혁명에서도 누가 선두가 되어 앵커링을 하는지가 중요합니다. 예를 들어, 4차 산업혁명을 이끌어가고 있는 기업들로 손꼽히는 우버Uber(모바일 차량 예약 이용 서비스 업체)와 에어비앤비Airbnb(숙박 공유 플랫폼 업체)가 공유경제 개념의 비즈니스 모델을 시장에 최초로 내놓으면 우버와 에어비앤비의 방식에 앵커링이 되어버리는 겁니다. 그렇게 되면 사람들이 다른 비즈니스 모델을 수용하기가 어려워집니다. 그래서 앵커링에서는 선두 주자의 이점이 크게 작용합니다.

질문에 따라 대답이 달라진다

행동경제학에서 또 하나 알아두어야 할 것이 어떤 처리의 동의 방식을 구분하는 개념인 옵트-인Opt-in, 옵트-아웃Opt-out입니다. 옵트opt란 무언가를 택한다는 걸 뜻하는데, 설문조사 항목 같은 걸 떠올리면 됩니다. 옵트-인이라고 하면 조사 항목에 체크(√)를 해서 선택하는 것이고, 옵트-아웃이라고 하면 반대로 체크함으로써 선택하지 않는 것을 뜻합니다. 온라인상에서 스팸 메일을 규제하는 방식으로도 쓰이는 용어인데, 옵트-인은 사전에 수신자의 허락을 받은 경우에만 광고 메일을 발송할 수 있도록 하는 규제 방식을 뜻하고, 반대로 옵트-아웃 제도라고 하면 광고 메일을 보내는 것을 허용하되 받는 사람이 수신을 거부하면 이후에는 계속 보낼 수 없도록 한 제도를 말합니다.

행동경제학에서 옵트-인, 옵트-아웃 개념을 어떻게 활용하는지 먼저 하나의 예로 살펴볼까요? 영국 연방(영국 본국과 과거 영제국 내의 식민지에서 독립한 나라로 구성된 연방체)에서 장기 기증 비율이 어느 정도 되는지를 조사한 적이 있습니다. 영 연방 8개국은 소득 수준이나, 사회 문화 등이 비슷하기 때문에 장기 기증 비율도 비슷한 결과가 나올 것이라고 예측되었습니다. 하지만 이런 예측과 달리 어떤 나라는 98%, 또 어떤 나라는 2%의 결과가 나와 나라별로 큰 차이를 보였습니다. 왜 이런 결과가 나오게 된 걸까요?

사람들은 본능적으로 표준이라고 정해진 것에서 벗어나지 않으려는 성향이 강해서, 본인이 어떤 의사 표현을 하여 다른 사람들과 다르게 보이는 것을 상당히 꺼려합니다. 모두가 '예스'라고 말할 때 '노'라고 말하거나, 남들과 달리 손을 드는 행위 등 표준에서 벗어나는 행동을 꺼리는 경향을 보이는 것입니다.

장기기증을 하겠습니까?	☐Yes	☐NO
장기기증을 하지 않겠습니까?	☐Yes	☐NO

　예를 들어, 운전면허시험을 볼 때 선진국에서는 장기기증 여부를 표시하게 되어 있는데, 문항에 '장기기증을 하겠습니다'라고 적어두고 체크를 하게 하면 소신이 뚜렷한 사람들을 제외한 다른 사람들은 절대 체크하지 않는다는 겁니다. 반대로 '장기기증을 하지 않겠습니다'라고 적어도 마찬가지입니다. 문항을 선택해서 '장기기증을 하겠다'와 같이 어떤 그룹에 포함되는 것이 옵트-인이고, '하지 않겠다'에 체크를 해서 빠지는 것은 옵트-아웃입니다. 그러니까 어떻게 질문을 던지느냐가 중요한 변수로 작용합니다.

사람의 심리, 욕망 기제를 이해하라

비즈니스에서도 마찬가지입니다. 예를 들어, 자동차를 팔 때 기본 가격을 1,000만 원으로 하고 옵션을 100만 원 정도 가격으로 추가할 수 있다고 한다면 대개 고객은 불필요한 것을 추가한다고 생각하여 옵션을 선택하지 않을 가능성이 큽니다. 반면에 자동차의 기본 가격을 1,100만원으로 하고 100만 원 정도의 옵션을 뺄 수 있다고 한다면 옵션이 제외되면 별로 좋지 않은 차가 될 것이라는 인식이 강하게 작용하여 옵션이 포함된 그대로로 구매할 가능성이 높습니다. 그래서 같은 차를 팔더라도 심리적으로 옵트-인, 옵트-아웃이 중요한 것입니다.

이밖에도 사람들 판단의 오류를 만드는 8가지 편견을 언급해보면 다음과 같습니다. 우선 '기억 편견'이 있는데, 의사결정을 내릴 때 과거의 기억을 신뢰할 만한 정보로 삼는 것입니다. 그리고 '경험 편견'은 경험이 많을수록 더 나은 결정을 내릴 수 있다는 착각을 가리키는 것이고요. 또 '낙관주의 편견'은 결과에 대한 자신감이 강할수록 더 나은 결정을 내릴 수 있다고 생각하는 것입니다. '두려움 편견'은 잃

8가지 편견

- 기억 편견
- 경험 편견
- 낙관주의 편견
- 두려움 편견
- 야망 편견
- 애착 편견
- 가치관 편견
- 권력 편견

을 것이 많을수록 더 신중한 결정을 내릴 수 있다는 것이고요.

또한 '야망 편견'이라는 것이 있는데, 개인적 야망이 강할수록 보다 나은 결정을 내릴 수 있다고 생각하는 것입니다. '애착 편견'도 있습니다. 사람이나 아이디어에 애착이 강할수록 더 나은 결정을 내릴 수 있다는 것입니다. '가치관 편견'은 기업 문화 또는 신념 체계가 공고할수록 더 나은 결정을 내릴 수 있다는 것이고, '권력 편견'은 통제력이나 권력이 강할수록 더 나은 결정을 내릴 수 있다는 것이고요.

이런 사람들의 편향된 행동 심리를 이해하는 것은 4차 산업혁명을 이해하는 데 매우 중요합니다. 사실상 모든 미래 가치는 사람의 심리를 정확히 꿰뚫어 그 미세한 욕망의 움직임을 포착해 하나의 흐름으로 만드는 것이기 때문입니다. 더욱이 로봇과 인공지능이 활약하게 될 4차 산업혁명의 시대, 그것들로 인해 실현될 꿈의 세상에서 인간이 정작 욕망하는 것이 무엇인지를 정확히 이해하는 일은 참으로 중요하다고 하겠습니다.

4차 산업혁명의 필수과목 '행동경제학'

ㅣ

4차 산업혁명 시대의 인공지능은 엄격한 합리성을 내장한 '이콘'인바,
휴먼이 살아가는 사회에서 이콘의 사고는 늘 벽에 부닥칠 수밖에 없다.
그래서 행동경제학이 중요한 것이다.

인간 행동에는 정답이 없다

인간 심리를 이해하는 일은 앞으로 더 중요해질 것입니다. 또한 4차
산업혁명의 시대를 맞아 행동경제학은 소비자와 비즈니스 입장에서
가장 중요한 학문으로 자리 잡을 것입니다. 예컨대 새로운 미래에 사
라질 직업 1위와 절대 사라지지 않을 직업 1위에 회계사가 동시에 올
라가 있는 이유는 '사람'이기 때문에 그렇습니다.

인공지능 회계사가 있다고 상상해볼까요? 논리적으로 본다면 회

계 원리나 기준에 따라 재무제표를 정리하면 되기 때문에 회계사라는 직업이 미래에는 인공지능 회계사에 의해 대체되어 사라질 직업처럼 보이지만, 각 회사의 상황에 따라 회계 처리 기준 또한 달라질 수 있으며 세세한 조율을 통해 회계 처리가 이루어져야 하기 때문에 인공지능에 의해 완전히 대체되지 못할 수도 있습니다. 이 또한 사람이 하는 일이기 때문에 아무리 데이터화할 수 있는 업무라 해도 인간의 행동을 먼저 이해하는 것이 우선되어야 하는 것이겠지요.

경제학이 조롱받는 이유는 무엇일까요? 전통 경제학은 사회현상을 수학으로 검증하고 해석합니다. 경제에 관련된 현상이나 상황을 수학적으로 검증하는 것이 경제학인 것이지요. 그래서 경제학은 근본적으로 수학과 같다고 볼 수 있습니다. 이것이 노벨경제학상 수상자들 가운데 수학자가 많은 이유이기도 합니다. 수학에 정답이 있는 것처럼 경제학에도 정답이 있습니다.

하지만 경제 활동에 정답이 있을 수 있을까요? 물론 이론적으로는 가장 좋은 해법이 존재할 수 있지만, 현실 경제에서 정답을 추구하는 것은 의미가 없습니다. 모든 게 이론처럼 딱 맞아떨어질 수 없기 때문입니다. 이런 이유 때문에 경제에서 정답을 추구하는 경제학이 조롱을 받기도 하는 것이지요.

전통 경제학에서는 인간을 논리적이고 이론적이며 합리적이라고 가정합니다. 또한 전 세계 인구를 단 1명으로 가정합니다. 전통 경제학이 가정하는 인간은 완벽한 인간입니다. 인공지능적인 인간이라고 할 수 있겠죠? 하지만 우리 모습을 볼까요? 실제로 완벽한가요? 자신의 연봉이 꽤 높다고 생각하고 만족하는 사람도 친한 친구의 연봉이 자신보다 더 많은 걸 알게 되면 불만을 갖게 되는 게 실제 인간입니다. 대부분 사람들은 절대적인 가치(자신의 연봉)보다는 상대적인 비교(친구의 연봉과 자신의 연봉을 비교)를 통해 자신의 위치를 판단합니다.

가정의 차이

표준경제학 - 이론적 인간

행동경제학 - 이론적 인간(이론)과 현실의 인간(휴먼)

예를 들어, 철수의 연봉이 2,000만 원이고, 철수의 친구인 영희의 연봉이 1,500만 원인 경우(A)가 있고, 철수의 연봉이 2,500만 원인데 영희의 연봉이 3,000만 원인 경우(B)가 있다고 가정해봅시다. A와 B, 두 경우를 철수에게 주고 어떤 연봉을 받을 것이냐고 물어보면, 철수는 대부분 A의 경우를 선택합니다. B의 경우를 선택한다면 자신의 연봉이 500만 원이나 올라가는데도 친구인 영희보다 적게 받는 것보다는 많이 받는 쪽을 선택하게 되는 것이지요. 이렇듯 사람들은 자신의 절대 기준을 가지고 행동하는 것이 아니라 항상 상대적인 기준을 통해 선택합니다. 심리가 작동하기 때문이지요.

사람들의 행동에 심리가 작용하기 때문에 경제 상황을 예측해도 맞지 않는 경우가 많습니다. 그래서 행동경제학자들이 나섰습니다. 인간은 합리적이지도 완벽하지도 않기 때문에 행동경제학에서는 표준 경제학에서 다루는 이론적 인간(이콘)과 실제 세상에 존재하는 사람(휴먼)으로 구분하여 다루고 있습니다. 완벽한 1명 이외에 또 다른 1명이 있다는 것이지요. 또 다른 1명은 일반적인 사람입니다. 행동경제학은 표준경제학이 가정한 정답이 있는 인간과 정답이 없는 인간 사이에 어떤 차이점이 있는지를 밝히는 학문입니다. 이런 차이점을 실험을 통해 밝혀내는 것이지요.

'이콘'에게는 너무 어려운 '휴먼'

표준경제학에서의 완벽한 인간을 이콘$_{econ}$이라 부릅니다. 이코노믹스를 어원으로 삼고 있는 말인데, 이콘은 완벽한 인간이기 때문에 이콘을 가정하고 경제 모델을 만듭니다. 즉 이콘을 염두에 두면 물건 가격이 상승하면 구매는 하락할 것입니다. 가격이 하락하면 구매는 상승할 테고요. 하지만 실제 생활에서는 물건 가격의 상승이 구매로 이어지는 경우도 많습니다. 희소성 때문에 명품을 구매한다든지 향후 더 인상 가능성이 있다고 판단해 금값이 상승하는데도 금을 구매하는 경우들이 있습니다.

인간의 행동을 천편일률적으로 분석할 수는 없습니다. 하지만 어떤 경우에 어떤 결과가 나올 것인지를 예측하기 위한 이론적인 인간이 필요하기에 이를 이콘이라고 하는 겁니다. 반면에 실제 세상에 사는 인간을 휴먼human이라고 합니다. 행동경제학은 이론적인 인간인 이콘과 실제 세상에 사는 인간인 휴먼의 차이점을 분석하는 학문입니다.

이콘과 휴먼의 차이점을 분석하는 것이 왜 중요할까요? 인공지능이 추구해 만들어내는 결과는 이콘에게만 의미가 있습니다. 하지만 인간의 심리 상태는 이콘과는 사뭇 다릅니다. 예를 들어, 휴먼에게는 그냥 싫은 상대가 있을 수 있지만 인공지능은 '그냥 싫다'는 감정을 분석하고 찾아낼 수 없습니다. 인공지능 전문가들이 이콘을 얘기하지만 이콘만으로는 세상을 파악하기 어렵다는 것입니다. 때문에 이콘과 휴먼의 적당한 균형을 찾아내는 것이 중요합니다. 이콘과 휴먼을 동시에 이해하면 인공지능이 구현하는 4차 산업혁명 시대에 어떻게 역할 분담이 되고 어떤 일이 벌어질지를 예측할 수 있을 것입니다.

이를 더 쉽게 이해하기 위해 '최후통첩 게임Ultimatum game'을 통해 이콘에 대한 접근을 해볼까요? A와 B 두 명의 학생이 있습니다. 길을 지나가는 A학생에게 1만 원짜리 10장을 주고 B학생과 나눠가지라고 합니다. 그런데 여기에는 두 가지 규칙이 있습니다. 첫 번째 규칙은 A에게 10만 원이 주어졌다는 것을 B를 포함한 모두가 알고 있다는 것이고, 두 번째 규칙은 A가 얼마를 B에게 주든지 B가 받아들이면 별 문제가 없지만 B가 거부하면 A는 10만 원을 모두 잃게 된다는 것입니다. 실제로 이를 실험해보면 어떤 결과가 나올까요? 10만 원을 받은 A는 B에게 얼마를 나눠줄까요?

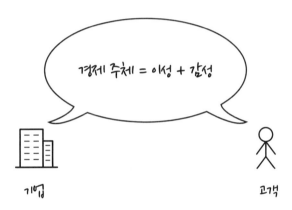

이콘은 이론적으로 완벽한 수학적인 인간이기 때문에 정답을 가지고 있습니다. 대부분의 사람들에게 물어보면 각기 5만 원씩 나눠가질 것이라고 예측합니다. 하지만 사람들의 행동은 다양하게 나옵니다. 누군가에게 돈을 거저 받는 것이 싫으니 B에게 10만 원 전액을 주는 사람도 있을 것이고 6만 원을 주는 사람도 나오는 것이지요. 하지만 A가 이콘이라면 어떻게 할까요? 이콘은 최대한 자신이 많은 돈을 가짐과 동시에 B가 납득할 수 있는 정답을 찾아야 합니다.

돈을 하나도 주지 않으면 B는 무조건 거절하겠지요. 하지만 A가 B에게 1만 원을 준다면 어떨까요? B가 납득하고 받아들이면 B에게는 1만 원이 생기지만 거절하면 0원이 됩니다. 이런 이유 때문에 이콘인 A는 B에게 1만 원을 줍니다. 이콘은 논리적으로 완벽합니다. B가 거절하지 않는 범위에서 자신이 최대한으로 가질 수 있는 금액을 찾는 겁니다.

대부분의 사람들이 5만 원이라고 대답한 것은 앞서 말했던 연봉의 선택과 같은 이유입니다. 내가 2,000만 원의 연봉을 받고 친구가 1,500만 원을 받는 것이 내가 2,500만 원을 받고 친구가 3,000만 원을 받는 것보다 낫다는 것이지요. A와 B는 A가 10만 원을 받은 것을 알고 있기 때문에 B 입장에서는 A가 9만 원을 갖고 자신이 1만 원을 갖는 상황을 납득할 수 없습니다. 자신이 공짜로 얻게 되는 이익보다 남이 자신보다 더 많은 이익을 갖게 되는 것을 도저히 받아들일 수 없는 것입니다. 비록 자신이 손해를 보게 되더라도 말이죠. 그래서 5만 원을 주지 않으면 거절한다는 것이지요. '사촌이 땅을 사면 배가 아픈 것'과 같습니다.

그렇다면 실제 실험을 하면 얼마가 나왔을까요? 이콘의 이론으로는 1만 원이었지만 실제 실험을 하면 평균적으로 A가 B에게 4만 원 정도를 주는 결과가 나옵니다. 돈을 가지고 있는 A는 주도권을 쥐고 있기에 상대에게 5만원을 주는 것을 꺼립니다. B 입장에서는 4만 원을 받는 것이 손해 보는 느낌이긴 하지만 그 정도는 납득할 수 있는 범위라고 생각하는 것이고요.

'휴먼'의 세상에서 '이콘'은 어떻게 생존할까?

심리학에서 쓰이는 용어인 '투사projection'는 자신의 생각을 상대방에게 투영시켜서 생각하는 것입니다. 상대방의 마음은 알 리 없지만 나 같으면 이렇게 할 것이라고 예측하는 겁니다. 하지만 위의 최후통첩 게임의 결과에 반기를 드는 사람도 많습니다. 그럼 이 게임을 간단한 '독재자의 게임'으로 바꾸어봅시다.

A가 B에게 돈을 주는데 B는 거절할 권한이 없습니다. 이럴 경우 이콘인 A는 B에게 돈을 주지 않습니다. 독재자의 게임으로 실제 실험을 하면 1만 원 정도 주는 결과가 나옵니다. 주지 않아도 되지만 심리적으로 이 정도는 줘야 한다는 마음이 드는 것입니다. 인공지능인 이콘은 돈을 주지 않거나 1만 원을 주는 결과를 내지만 이는 실제 사람들의 심리와는 전혀 동떨어진 결론입니다. 사람들의 심리는 논리적으로 통제할 수 있는 분야가 아니기 때문입니다.

2002년 노벨경제학상을 받은 경제심리학자 대니얼 카너먼Daniel Kahneman 교수는 《생각에 관한 생각》이라는 자신의 저서에서 사람들이 생각하는 방식에는 두 가지가 있다고 소개합니다. 하나는 빠르게 생각하는 것이고, 다른 하나는 느리게 생각하는 것입니다. 여기서 빠르게 생각하는 것은 '시스템 1'이라고 명명했습니다. 시스템 1은 무의식적으로 대형 간판에 적힌 글자를 읽거나, 1+1의 정답을 말하는 것과 같이 고민 없이 바로 생각하고 대답할 수 있는 것을 말합니다.

그리고 고민하고 심사숙고하여 대답해야 하는 것을 느리게 생각한다고 해서 '시스템 2'로 명명했습니다. 복잡한 논리적 주장이 타당한지를 확인한다든지, 세탁기를 장만할 때 여러 모델의 전반적인 가치를 비교하는 것과 같이 느리고 의식적으로 노력을 더 기울여야 하는 의사결정 과정을 말합니다.

시스템 1은 즉각적이고 말초적이며 보이는 대로 믿고 생각합니다. 시스템 2는 이와 반대로 느리고 이성적이고 노력을 해야만 알 수 있는 사고입니다. 그렇기 때문에 직관적인 시스템 1이 항상 먼저 반응해 때때로 의사결정 과정에서 오류가 발생하기도 하는데요, 이를 직관적 사고의 편향bias이라고 합니다. 시스템 1이 자신이 할 수 없는 것도 모두 스스로 하려고 하기 때문에 오류가 발생하게 되는 것이지요. 반면에 시스템 2는 정확하긴 하지만 게으릅니다. 게으른 탓에 자신의 일을 잘하려고 하지 않습니다. 더군다나 자신이 안 해도 어느새 시스템 1이 작동하여 일 처리를 해버립니다.

커너먼 교수의 분류에 따르면, 이콘은 시스템 2만 사용하는 사람입니다. 항상 논리적으로 완벽하게 대답을 정리하는 겁니다. 하지만 휴먼은 그렇지 않습니다. 시스템 1과 2에 해당하는 직관과 이성을 적절히 섞어가면서 사용하거든요. 문제는 빠른 직관과 느린 이성이 충동하면서 오류를 발생시키는 것인데요, 예를 들어, 의사의 오진을 방지하기 위해서 진료 기록에 대한 감사를 강화하면 의사들은 추가 검사를 진행하거나 필요 함량 이상이 포함된 고가의 약을 처방함으로써 사회 전체의 비용을 증가시킵니다. 또 흔히 성공한 CEO의 타이틀을 가진 경영인들을 보면 유연하고 창의적이고 자기 관리에도 철저할 것 같아 보입니다. 그런데 그런 CEO들도 회사가 어려운 위기에 처하게 되면 우유부단하고 비전도 없으며 권위적인 경영인이라고 판단하게 됩니다. 휴먼이 내리는 판단과 의사결정이 항상 이성적으로만 이루어지지 않는다는 것을 보여주는 단적인 예라고 할 수 있지요.

4차 산업혁명에서 이야기하는 인공지능은 이콘을 만드는 작업입니다. 하지만 세상은 휴먼이 살아가는 사회이기 때문에 이콘만 가지고는 충분히 설명할 수 없습니다. 그래서 행동경제학이 중요한 것입니다. 앞선 예에서처럼 이콘은 B에게 1만 원을 주면 B가 받아들일 것이라고 판단합니다. 하지만 B는 어떨까요? 휴먼으로서는 B에게 1만 원이 아닌 4만 원 정도를 줘야 하는 겁니다. 가장 합리적인 정답에서 벗어나는 휴먼을 이해하지 못하는 인공지능은 9 대 1로 돈을 나누겠지요. 휴먼을 반영하지 않은 인공지능이 사람에 대해 시스템 2와 같은 생각을 하면 제대로 된 결론을 낼 수 없다는 겁니다. 4차 산업혁명 시대에 행동경제학이 중요한 이유입니다.

꼭 알아야 할 경제 심리. 휴먼의 정체성

|

경제행위 주체인 인간을 제대로 이해하는 일이
경제시장에서의 승부를 가르게 될 터, 직관적 주체인 휴먼의 편향 심리를
이해하는 일은 새로운 경제시장을 읽는 데 매우 중요한 바탕이 된다.

행동 편향, 못 말리는 인간의 인지적 습관

강조하건대 4차 산업혁명 시대를 맞아 새로운 기회를 찾는 사람들에
게 무엇보다 필요한 것이 행동경제학을 이해하는 일이 아닐까 합니
다. 결국 경제 행위의 주체인 인간을 제대로 이해하는 일이 시장에서
의 승부를 가르게 될 테니까요. 여기서는 인간의 두 가지 편향에 대
해 중점적으로 이야기해보겠습니다.

행동 편향action bias은 결과가 예측되지 않을 때 가만있는 것보다는

어떤 행동을 하는 것이 낫다고 믿는 인간들의 인지적인 습관을 말합니다. 축구의 페널티킥 상황을 떠올려볼까요? 페널티킥 상황에서는 공을 차는 키커가 공을 막는 골키퍼보다 월등히 유리합니다. 행동경제학자들이 키커와 골키퍼의 행동 패턴을 50년간 분석해봤습니다.

그 결과, 키커는 오른쪽, 왼쪽, 가운데로 1/3씩 골고루 공을 찼습니다. 이런 키커의 움직임을 상대편 골키퍼도 예측할 수 있기 때문에 패널티킥을 막아낼 확률을 높이기 위해서는 오른쪽이든 왼쪽이든 한쪽만을 선택해서 골을 막거나, 움직이지 않고 제자리에서 가운데를 지키는 것이 현명한 선택일 것입니다. 이콘 골키퍼라면 아마도 움직이지 않는 쪽을 택할 것입니다.

하지만 행동경제학자들이 관찰한 실제 골키퍼들의 행동은 달랐습니다. 골키퍼들은 가운데 서 있지 않고 좌우 양쪽으로 움직이는 행동 패턴을 보였습니다. 방어 확률이 낮은데도 왜 골키퍼들은 양쪽으로 움직였을까요? 키커가 패널티킥을 차는 상황에 골키퍼가 가운데 가만히 서 있었다고 상상해보죠. 골키퍼가 전략적이고 합리적인 선택을 했다고 하더라도 관중들은 골키퍼가 적극적으로 공을 막지 않았다고 생각해 야유를 보낼 겁니다. 그러니 골키퍼들은 그런 야유를 받게 될 바에야 공을 막지 못하더라도 어느 쪽으로든 움직여서 원성을 사지 않는 편이 낫다고 생각하는 것입니다. 야유가 아닌 응원을 듣고자 하는 골키퍼의 심리가 반영된 결과이지요.

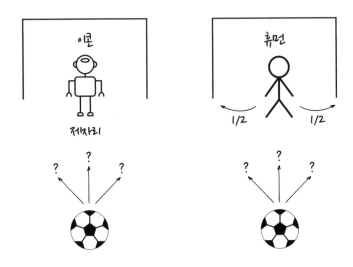

이렇게 동일한 결과 혹은 더 나쁜 결과를 초래하게 될지라도 아무 행동도 하지 않았을 때의 비난을 의식해 아무런 행동이라도 하는 것을 행동 편향이라고 합니다. 이런 행동 편향적 행위들은 우리 주변에서 너무나 쉽게 찾아볼 수 있습니다. 물론 근면성실을 모토로 '열심히'만을 외치던 과거에는 단지 열심히 한다는 것을 보여주기 위해 많은 사람이 가만있는 것이 최선의 선택인 상황에서도 이리저리 움직이는 경향이 많았던 것을 상기해볼 수도 있겠죠.

부작위 편향, 어리석은 자의 복지부동

두 번째로 살펴볼 행동 편향은 부작위 편향입니다. 부작위 편향omission bias은 행동 편향과는 달리 위험을 회피하고자 하는 심리 때문에 반드시 해야 하는 행동도 하지 않는 것을 의미합니다. 소위 공무원의 복지부동을 일컬어 부작위 편향이라고 표현합니다. 예를 들어볼까요? 메르스의 치사율이 50%라고 가정합시다. 그런데 치사율을 20%로 낮출 수 있는 백신이 있다고 해봐요. 그렇다면 식약청에서는 당연히 그 백신을 허가해줘야겠지요. 이콘이라면 치사율이 확연히 낮아지기 때문에 허가를 내주는 선택을 할 겁니다.

하지만 휴먼의 입장에서는 허가를 내주지 않는 경우가 허다합니다. 왜 허가를 내주지 않을까요? 백신을 맞아도 사망할 확률이 20%나 되기 때문입니다. 백신을 복용했음에도 사망하게 되면 사람들은 식약청을 향해 불안정한 약을 허가해줬다고 비난을 하게 되겠지요. 조속하게 신약 허가를 내줘 치사율을 낮췄다 하더라도 사망자가 발생할 확률이 0%가 아니기 때문에 사망자에 대한 책임을 떠맡게 될 가능성이 있는 겁니다. 예상되는 결과가 허가 이전보다는 훨씬 좋아지고 개선된다 할지라도 일부 부작용에 대한 비난과 위험을 굳이 자신이 떠안지 않으려는 경향 때문에 결국 백신 허가를 내주지 않게 되는 것입니다.

인간은 누구나 두 가지 편향을 동시에 가지고 있습니다. 하지 말아야 할 행동을 하거나 꼭 해야 할 행동을 하지 않는 경우를 모두 보입니다. 행동 편향은 결과가 전혀 예측되지 않는 상황에서 나타납니다. 앞서 예를 들었던 것처럼 공이 어느 방향으로 올지 결과를 예측할 수 없기 때문에 골키퍼는 어느 쪽으로든 움직이는 행동을 보이는 겁니다. 반면에 부작위 편향은 결과는 어느 정도 예측이 되지만 결과에 부작용이 발생할 가능성이 있을 때 나타나는 행동입니다.

> 행동 편향 - 하지 말아야 할 행위를 하려는 인지적 습관
> 부작위 편향 - 해야 할 행위를 하지 않으려는 인지적 습관

2017년 봄, 소래포구 어시장에서 화재가 발생했습니다. 그런데 한국전력 측에서 화재 발생 며칠 전에 변압기를 교체해줬다고 합니다. 그러다 보니 화재 원인을 두고 교체된 변압기 탓이라는 뉴스가 보도되었습니다. 하지만 변압기를 교체한 건 기존 변압기에 문제가 있어 안전이 우려되었기 때문일 겁니다. 그럼에도 불구하고 변압기 교체 후 화재가 발생한 것에 대해 왜 변압기를 교체해서 문제를 발생시켰냐는 비난을 받을 수밖에 없었죠. 만약 미리 이런 위험이 예측되었다면 한전 측에서는 변압기 교체를 하지 않았겠지요. 물론 화재의 원인이 정확히 무엇인지는 모르지만 괜히 긁어 부스럼 만들었다는 자괴감이 들

수도 있겠지요. 그렇다면 차라리 다음부터는 예상되는 문제를 미리 예방하기 위해 노력하기보다는 사후에 일을 처리하는 것이 자신의 신변상에서는 더 안전하겠다는 생각을 할 수 있을 겁니다. 이렇듯 위험을 회피하기 위한 공무원들의 복지부동이 부작위 행동에 해당합니다.

　그렇다면 만약 부모라면 자식의 행동 편향과 부작위 편향 가운데 어떤 행동을 금지시켜야 할까요? 행동 편향으로 나타난 실패는 야단을 쳐야 합니다. 잘못된 결과가 나왔는데도 그 행동을 감싸주면 영원히 실패만 반복할 테니까요. 단지 다른 사람으로부터 비난을 피하기 위해 아무런 의미 없는 행동을 반복한다는 것은 진정 용기 있는 사람의 자세가 아니기 때문입니다. 하지만 부작위 편향에 빠지지 않고 위험을 무릅쓰고 행동한 것에 대한 실패는 칭찬해줘야 합니다. 도전 자체에 의미를 두고 용기 있는 행동을 보였다고 말해줘야 합니다. 계속 시행착오를 겪으면서 행동을 해야 성과를 낼 수 있기 때문이지요. 20%의 치사율 부담을 안고 있는 백신이라 할지라도 향후 치사율을 10%, 5%로 낮추는 백신의 기초가 될 수 있거든요.

4차 산업혁명 시대, 의정부 삼식이는 어떻게 될까

조직에서는 행동 편향을 자제할 수 있는 제도적 장치가 필요하고 부작위 편향인 복지부동을 타파하기 위해 반드시 해야 할 일로 인해 발생하는 실수나 부작용을 철저히 회사가 감수해야 합니다.

인사관리를 예로 들어볼까요? 한국의 한 유명 회사에서는 직원들을 4가지 경우로 분류한 바 있습니다. 멍청하고 게으른 사람(멍게), 멍청하고 부지런한 사람(멍부), 똑똑하고 게으른 사람(똑게), 똑똑하고 부지런한 사람(똑부), 이렇게 분류해서 인사 관리를 했었는데요. 이중 조직에서 가장 불필요한 사람은 누구일까요?

멍부입니다. 멍부는 실제로 멍청해서가 아니라 아직 경험이 부족하고 훈련이 덜 되었음에도 불구하고 어떤 일에서든 나서는 사람들을 속어로 편의상 부르는 용어입니다.

대기업들은 대부분 피라미드 조직 형태를 띱니다. 피라미드의 최하층에 경험이 부족한 멍부와 멍게들이 존재할 수밖에 없는데, 멍부들은 통제하기가 어렵습니다. 시키지 않은 일도 멋대로 하기 때문이지요. 반면에 멍게들은 아직 일은 잘 못하지만 조직에서 크게 사고는 안 칩니다. 그래서 보통 구조조정을 할 때 멍부를 해고하는 경우가 많습니다.

행동 편향적인 생각이 많은 사람이 멍부에 해당하지요. 멍부의 특징을 잘 설명하고 있는 사례가 있습니다. 삼식이라는 아들을 둔 아버지는 착하기는 한데 항상 사고를 치고 다니는 삼식이 때문에 늘 고민이 많습니다. 예를 들면, 아버지가 삼식이에게 심부름으로 내일 의

정부를 가야 하니 일찍 자두라고 일러두었습니다. 삼식이는 알겠다고 하고 일찍 자지요. 시키는 건 잘하거든요. 다음 날 아침, 일어난 아버지가 의정부를 보내려고 삼식이를 찾는데 삼식이가 없어요. 하루 종일 애타게 찾고 있는데, 오후 늦게 삼식이가 헐레벌떡 들어오더니 의정부를 갔다 왔다고 하는 겁니다. 왜 가는지, 그 이유도 모른 채 그냥 의정부까지 갔다 온 겁니다.

또 어떤 날부터는 삼식이가 열심히 공부를 해요. 삼식이가 착하지만 공부를 못해서 속상해하던 아버지는 삼식이가 이제 철이 들어서 공부도 하고 다행이다 생각해서 칭찬해줬는데, 시험 결과는 또 0점을 맞아오고 맙니다. 시험 범위를 잘못 알고 엉뚱한 공부를 한 것이지요.

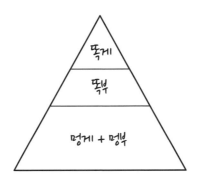

이렇다 보니 조직에서도 멍부, 삼식이를 철저하게 관리하려고 합니다. 조직 피라미드를 보면 가장 밑에 멍게가 있고, 그 위에 똑부,

가장 상위 계층에 똑게가 있어요. 똑똑하고 게으른 사람이 바로 밑의 똑똑하고 부지런한 사람에게 명령을 내리는 겁니다. 똑부는 상부의 명령을 받아 하부의 멍게를 관리 감독합니다. 전형적인 대기업의 조직 형태가 이렇습니다.

그런데 왜 최고경영자 자리에는 똑부가 아니고 똑게가 자리하고 있을까요? 예를 들어, 큰 기어와 작은 기어가 맞물려 움직인다고 생각해봅시다. 어떤 게 빨리 움직이죠? 작은 기어가 빨리 움직입니다. 그런데 큰 기어가 빨리 움직이면 어떤가요? 시스템이 다 망가지게 됩니다. 부하 직원들은 하나의 일을 시키면 해결하는 데 1주일이 걸리는데 똑부가 그 일을 1시간 만에 마무리해버리고 1시간마다 부하들을 자극한다면 어떻게 되겠어요?

사실 똑게란 실제로 게으른 사람을 의미하는 것이 아닙니다. 스티븐 코비Stephen Covey가 쓴 유명한 책 《성공하는 사람들의 일곱 가지 습관》을 보면 시간을 쓰는 방식을 4가지로 나눈 예가 있습니다. 즉 모든 일에는 급하고 안 중요한 일이 있고, 급하고 중요한 일이 있으며, 안 급하고 안 중요한 게 있고, 안 급하고 중요한 게 있다는 겁니다. 그렇다면 대부분의 사람들이 어떤 일에 가장 많은 시간을 쓸까요? 어이없게도 안 급하고 안 중요한 일에 대부분의 시간을 쓴다는 겁니다. 하지만 성공하는 사람들은 안 급한데 중요한 걸 미리미리 해두기 때문에 항상 준비가 되어 있다는 것이지요. '에버 러닝머신ever learning machine'이 되는 거죠.

그때그때 공부하는 게 아니라 일의 중요도를 선정하고 그에 따른 준비와 대비를 철저히 하기 때문에 똑게가 성공한다는 것입니다. 이 책에서 말하는 성공한 사람들의 특징이 그렇다는 것으로 사실상 똑게, 똑부, 멍게, 멍부는 대기업 인사팀에서 우스갯소리로 만들어둔 단어입니다.

그런데 앞으로는 이런 체계가 바뀌게 됩니다. 4차 산업혁명 시대에 들어서면 조직의 힘보다는 개개인의 역량과 성향을 평가하게 될 가능성이 높습니다. 그러면 어찌되었든 멍청하고 부지런한 사람은 물론이고 멍청하고 게으른 사람들이 살아남기는 힘들어지겠지요.

정의를 판단하는 것은 오직 인간의 직관

최근 많은 대기업이 무인 자동차에 대규모 투자를 하고 있습니다. 인텔이 무인 자동차와 관련된 소프트웨어 회사인 모빌아이에 153억 달러를 투자했고, 퀄컴Qualcomm은 가속 브레이크 컨트롤 칩과 관련한 NXP 반도체에 390억 달러를 투자했습니다. 무인 자동차는 말 그대로 사람이 운전을 하지 않고 인공지능이 운전을 대신하는 자동차를 의미하지요. 그런데 만약 무인 자동차의 운행 중에 사고가 난다면 그

책임을 누가 져야 하는 걸까요?

무인 자동차를 타고 길을 가다 사고 위험에 맞닥뜨렸다고 생각해봅시다. 사고를 피할 수 있는 방법은 급브레이크를 밟거나 핸들을 오른쪽으로 꺾는 두 가지 방법밖에 없는 상황입니다. 그런데 급브레이크를 밟으면 차주가 사망하고 핸들을 오른쪽으로 꺾으면 길을 가던 행인이 죽는다고 가정해볼까요? 무인 자동차가 어떤 명령을 수행하도록 설계하는 것이 옳을까요? 만약 오른쪽으로 핸들을 꺾으라는 명령을 프로그램에 입력시켜 행인을 사망하게 만들었다고 한다면 법적 책임은 프로그램을 입력시킨 기업에 있을까요, 차에 탑승하고 있던 차주에게 있을까요?

현재 무인 자동차와 관련된 가장 큰 논란이 바로 사고 시 법적 책임 공방에 관한 것인데 이에 대한 사회적 합의가 선행되어야 할 것입니다. 사회적 합의가 도출되어야 개개인의 차주들에게 각각의 상황에 따른 면책이 주어질 수 있기 때문이지요. 인공지능이 알고리즘에 의해 계속 진화하면서 뛰어난 성능을 보인다 하더라도 도덕적이거나 윤리적인 문제를 스스로 판단하거나 결정을 내릴 수 없기 때문에 반드시 인간과 협업 관계를 구축해야만 일상생활에서 의미 있게 쓰일 수 있습니다.

하버드 대학의 마이클 샌델 교수도 '정의란 무엇인가'를 주제로 한 강의에서 이와 비슷한 질문을 던졌습니다. 샌델 교수는 달리고 있는 기차의 브레이크가 고장 난 상황을 가정합니다. 기관사가 기차를 그대로 운행하면 앞에 서 있는 10명의 성인이 사망하게 됩니다. 만약 기관사가 레버를 돌려 기차의 방향을 바꾸면 그 방향에 있던 어린아이 3명이 사망하게 되고요. 이런 상황에서 레버를 돌려 상대적으로 적은 사람 수를 희생하는 게 사회 정의일까요, 아이들을 살리고 어른들이 희생되는 것이 사회 정의에 맞는 것일까요?

정답을 찾기 어려운 문제입니다. 그래서 사회적 합의가 필요한 겁니다. 하지만 사회적 합의를 한다고 해도 사회 구성원 모두의 동의를 얻어내기란 쉽지 않을 것입니다.

이런 경우도 있습니다. 내리막길에서 버스가 고장이 난 경우입니다. 나는 육교 위에서 고장 난 버스를 보고 있는 상황인데 내리막길 밑에 어린아이들 5명이 놀고 있어요. 그대로 버스가 내려가면 아이들이 다 죽게 됩니다. 하지만 육교 위, 내 옆에 서 있는 남자를 밀어 밑으로 떨어트리면 굴러 떨어지는 버스를 막을 수 있습니다. 버스를 그대로 둬서 아이들이 죽는 것을 보는 것과 남자를 떨어트리는 것 중에 어떤 것이 정의일까요?

하지만 이 선택지에 내가 떨어져서 버스를 막는 것은 포함되어 있지 않습니다. 자신을 희생하는 것은 고려의 대상이 되지 않는다는 얘기입니다. 인공지능 시대에는 샌델 교수의 질문과 같은 고장 난 기차, 내리막길의 버스와 같은 상황들이 무수히 많이 발생할 것으로 전망됩니다.

  인공지능은 논리적이고 합리적인 정답을 유추해낼 수는 있지만 인간의 편향성을 고려한 답을 도출해내지는 못합니다. 인간의 편향성은 논리적인 판단이 아니라 직관에 기초한 것이기 때문입니다. 앞서 말씀드린 것처럼 골키퍼가 철저한 계산 아래 가운데 서 있었다고 해도 사람들이 비난하는 것은 인간의 편향에 따른 비논리적 행동의 결과이거든요. 따라서 인간의 편향된 심리를 이해하는 일, 윤리적이고 도덕적인 주체로서 인간의 역할을 이해하는 일은 인공지능이 새롭게 열 4차 산업혁명 시대에 더욱더 중요해질 것입니다. 경제학은 인간과 사회 안으로 한발 더 깊숙이 들어가 진화를 거듭하고 있는 것이지요.

4차 산업혁명 시대가 원하는 리더는?

이콘의 능력이 아무리 뛰어나도 실제 컨트롤 타워 역할은
결국 휴먼이 할 수밖에 없다. 따라서 휴먼과 이콘의 장점을
조화시킬 수 있는 리더가 4차 산업혁명의 진정한 리더가 될 것이다.

인공지능은 절대 알 수 없는 휴먼의 선택

4차 산업혁명 시대를 맞아 새로운 시대를 이끌 리더상도 변화하는 것은 당연할 것입니다. 과연 어떤 능력을 가진 인물이 불확실성 가득한 미래를 선도하게 될까요? 인공지능의 활약이 두드러질 새로운 시대에 특출한 인공지능의 역량과 인간의 능력을 비교해보는 것으로 새 시대의 리더상을 그려보도록 하겠습니다.

대니엘 카너먼 교수는 인간들이 이익이 나는 상황과 손실이 확정

된 경우에서 위험 회피 성향과 위험 추구 성향이 어떻게 다른지를 연구하여 4중 패턴 전망이론이라고 명명했는데, 전망이론prospect theory은 말 그대로 인간의 선택을 예측할 수 있다는 뜻입니다. 즉 직관적 감성을 가진 인간인 우리들의 선택은 예측이 가능합니다.

이콘인 인공지능에게 100% 확률로 90원을 주는 A와 95% 확률로 100원을 주는 B 중 선택하라고 하면 어느 쪽을 선택할까요? 기댓값을 계산해보면 답은 명확해집니다. A는 1×90으로 기댓값이 90원이고 B는 0.95×100으로 95원이니 이콘이라면 예외 없이 기댓값이 큰 B를 선택합니다. 하지만 휴먼은 대부분 A를 선택합니다. 휴먼은 예상되는 수익이 커질수록 아주 작은 위험도 크게 생각하는 경향이 있습니다. 그래서 확률적으로는 선택 B가 유리하지만 혹시 발생할지 모르는 위험을 회피하기 위해 손해를 감수합니다.

$$A: 100\% \times 90원 = 90원$$

$$B: 95\% \times 100원 = 95원$$

A의 경우에는 100%의 확률로 무조건 90원을 받게 되지만 B의 경우에는 5%의 확률로 100원을 받지 못하는 위험부담이 생깁니다. 이 때문에 휴먼은 아주 작은 위험이라 하더라도 이를 크게 여겨 B가 아닌 A를 선택하게 됩니다.

손실의 경우도 생각해볼까요? 100%의 확률로 10원의 손해가 발생하는 A의 경우와 5%의 확률로 100원의 손해가 발생하는 B의 경우에 이콘은 어떤 선택을 할까요? A의 경우 $1 \times (-10)$으로 10원의 손해가 발생하고 B는 $0.05 \times (-100)$으로 5원의 손해가 발생하니 이콘은 손실 금액이 적은 B를 선택할 겁니다. 하지만 휴먼은 대부분 A를 선택합니다. B의 경우 만에 하나 5%의 확률에 해당하면 100원이라는 큰 손해를 봐야 하기 때문이죠.

$$A: 100\% \times -10원 = -10원$$

$$B: 5\% \times -100원 = -5원$$

낮은 확률이라도 큰 손실을 우려하는 휴먼의 심리를 이용한 사업이 바로 '보험'입니다. 보험 회사에서 흑자가 났다는 건 어떤 의미일까요? 단순히 말하면 이익이 손해보다 크다는 것이지요. 사람들이 보험회사에 지불하는 돈이 보험회사가 사람들에게 지급하는 돈보다 많은 겁니다.

앞선 두 경우를 볼 때 휴먼은 이익을 보는 상황에서는 이익의 일부분을 포기하더라도 확실한 방향을 선택하는 경향이 있고, 반대로 손실을 보는 상황에서는 아주 낮은 확률이라도 그 손실이 가져올 공포심 때문에 적은 확률을 과대평가해 일부 손해를 보더라도 위험을 회피하는 선택을 하는 것입니다.

이콘은 보험과 복권에 휘둘리지 않는 법

또 다른 이익 상황을 살펴볼까요? 100%의 확률로 10원을 가질 수 있는 A와 5%의 확률로 100원을 가져가는 B 중에서 이콘은 어떤 선택을 할까요? A의 기댓값은 $1 \times 10 = 10$원, B의 기댓값은 $0.05 \times 100 = 5$원이기 때문에 이콘은 기댓값이 큰 A를 선택합니다. 반면에 휴먼은 B로 갑니다. 작은 확률이지만 그 확률 안에 포함되면 큰 이익을 챙길 수 있기 때문이죠. 확정된 작은 금액보다는 확률은 낮지만 기댓값을 높일 수 있는 잘못된 판단을 하는 것입니다. 이런 심리를 이용한 사업이 바로 '복권'입니다. 보험과 복권은 인간이 모두 이콘이라면 절대 성행할 수 없는 사업들인 것이지요.

$$A: 100\% \times 10원 = 10원$$

$$B: 5\% \times 100원 = 5원$$

마지막 경우는 100%의 확률로 90원의 손실이 발생하는 A와 95%의 확률로 100원의 손실이 발생하는 B가 있는 경우로. 이때 이콘은

A를 선택합니다. A는 1×90=90원의 손실이, B는 0.95×1=95원의 손실이 예측되기 때문이지요. 하지만 휴먼은 B를 선택해요. 낮은 확률이지만 5%의 확률로 손실을 보지 않을 가능성을 염두에 두기 때문입니다. 만약 가지고 있는 전 재산이 100원이라고 한다면 5%의 확률로 하나도 안 뺏길 수도 있다는 기대를 하는 겁니다. 확정된 손실이 클 때는 아무리 낮은 확률이라도 요행을 바라며 더 큰 손해를 감수하는 겁니다.

$$A: 100\% \times -90원 = -90원$$

$$B: 95\% \times -100원 = -95원$$

이익이 많거나 적고 손해가 많거나 적은 4가지 경우에서 보듯 휴먼의 행동은 논리의 결과물이 아닙니다. 감정적인 판단이 포함된다는 의미지요. 감정적인 판단이 포함되기 때문에 이콘과 휴먼은 경제활동에서 다른 행보를 취할 수밖에 없습니다. 그래서 인공지능의 프로그램을 설계하는 사람들이 아무리 완벽한 알고리즘을 만들더라도 결국은 실제 인간과는 상당한 괴리감을 갖게 되는 것입니다. 최근 알리바바의 마윈馬云 회장은 한 강연에서 "보모가 아무리 훌륭하더라도 어머니를 대체할 수는 없다"는 표현으로, 인공지능(보모)이 인간(어머니)을 완전히 대신할 수 없을 것이라고 강조한 바 있습니다.

새로운 시대가 원하는 리더는 이콘일까, 휴먼일까?

그렇다면 4차 산업혁명의 시대상에 맞는 리더는 어떤 사람일까요? 추측하건대 알고리즘을 설계하는 사람들은 이콘을 기반에 두고 설계할 것으로 예상됩니다. 이콘은 논리적이고 명확한 답을 제시하기 때문이지요. 하지만 앞서 설명한 바와 같이 이콘만으로는 실제 휴먼들이 내릴 결론을 도출해낼 수 없습니다. 만약 인공지능, 이콘의 판단으로만 의사결정을 하게 한다면 휴먼들이 이콘의 결정을 그대로 따라줄까요? 감정이 배제된 채 논리로만 내려진 결론을 따르지 않을 확률이 높습니다. 이로써 아마 상당한 혼란이 야기될 테지요.

그렇다 보니 4차 산업혁명 시대에는 행동경제학을 익힌 사람들이 성공 반열에 오를 것입니다. 인간에게만 있는 편향 때문입니다. 인간에게는 즉흥적으로 앞서 나가려고 하는 시스템 1과 게으른 시스템 2가 있다고 비유한 바 있죠. 인간에게만 나타나는 독특한 편향은 시스템 2가 해야 할 일을 시스템 1이 대신하다 보니 발현되는 것입니다. 반면에 인공지능은 철저하게 시스템 2로만 이루어진 체계입니다. 매사를 시스템 2로만 처리한다면 획일적인 정답이 도출되겠지만 인간은 대부분 시스템 1이 지배하기 때문에 타인과 자신을 비교하기도 하고 다양한 답변이 도출되는 것입니다.

영국의 유명한 사상가 버트런드 러셀은 "인간은 생각하는 것을 죽기보다 싫어한다"고 말한 바 있습니다. 시스템 1이 인간의 판단을 지배하고 있다는 것이지요. 시스템 2적인 인공지능만 가지고 4차 산업혁명에 접근하면 큰 혼란이 야기될 것입니다. 따라서 알고리즘을 설계하는 사람들이 행동경제학을 익혀 인간의 편향에 대한 연구를 더한 설계를 진행해야 할 것입니다. 알고리즘을 구축해 완벽하게 기계에 반영해 결론을 내린다고 해도 과연 실제 휴먼들이 얼마만큼 받아들일 수 있느냐에 대해 생각해본다면 행동경제학이 4차 산업혁명에서 얼마나 중요한 학문인지 알 수 있습니다.

이론과 휴먼의 융복합 시대가 온다

경제학에서 "Where is the beef?"라는 말을 많이 사용하곤 하는데, 이 말은 '웬디스'라는 햄버거 업체가 경쟁사를 비꼬면서 내놓은 광고 카피입니다. 경쟁사가 햄버거의 빵이 크다는 것을 강조하니 웬디스는 햄버거의 핵심은 패티인데 너희 제품에선 패티가 보이지 않는다며 쓴 문구이지요. 즉, 핵심이 결여되었다는 겁니다.

SNS를 보면 획일적으로 같은 정보들이 보여질 때가 많이 있어요. 하지만 사람들은 동일한 정보만 계속 접하다 보면 피로도를 느낍니다. 각자 사람들이 필요로 하는 정보들이 다양한 시각에서 제공되어야 함에도 불구하고 가장 이상적인 정답만을 추구한다면 4차 산업혁명은 무용지물로 종결될 가능성이 높습니다. 그렇기 때문에 가장 중요한 휴먼의 본성을 이해하고 인공지능(이콘)과 소통해야겠다는 의지를 가진 사람만이 4차 산업혁명의 리더가 될 수 있을 것으로 전망됩니다. 결국은 인간의 본성을 파악해 알고리즘을 설계할 때 인간의 본성을 좀 더 반영해야 한다는 의미입니다.

예를 들면, 로봇은 돌발 변수에 대한 대처 능력이 부족합니다. 프로그램화되어 있지 않은 상황에 대해서는 판단 능력이 결여되어 있는 것이지요. 또 맥락을 이해하는 것도 부족합니다. 예를 들어, "분위기가 묘하다"라는 표현을 로봇이 이해할 수 있을까요? 섬세한 감정이나 상황에 대한 판단, 그에 대한 휴먼들의 표현 방식을 인공지능이 다 이해하기란 매우 어렵습니다.

그래서 과거와 현재, 이콘과 휴먼 간에 어떤 차이점이 있는지 파악하는 능력이 필요합니다. 분명 이콘과 휴먼은 명백한 차이점을 가지고 있지만 4차 산업혁명을 추진하는 데 있어 동행할 수밖에 없는 관계이기도 합니다. 그래서 항상 이콘이라면 어떤 결론을 도출할까를 생각해봐야 하는 겁니다. 법전의 내용 전체를 인공지능에 입력하면 판검사를 대체할 수 있겠지만 결국 판결은 인간이 내리는 것이거든요. 이콘이 구축해둔 기본 바탕에 휴먼의 판단이 개입되어야 한다는 의미입니다.

결론적으로 말하면 컨트롤 타워 역할을 할 수 있는 것은 결국 휴먼밖에 없다는 것, 이콘과 휴먼은 반드시 양립되어야 합니다. 그러므로 이콘으로 완벽한 알고리즘을 구현해놓고 이콘과 소통할 수 있으며 조정 능력이 있는 휴먼이야말로 4차 산업혁명의 리더가 될 것입니다. 확실히 휴먼의 장점과 이콘의 장점을 조화시킬 수 있는 리더가 4차 산업혁명의 진정한 리더가 될 수 있지 않을까요?

4차 산업혁명 시대의 벽두에 유니콘Unicorn이 등장했습니다. 유니콘이란 시가 총액 10억 달러 이상인 비상장 스타트업 기업을 상상 속에나 존재하는 영험한 동물에 빗대어 일컫는 말입니다. 그러니까 유니콘 기업은 융복합 기술과 새로운 비즈니스 모델을 통해 시장에서 성공적으로 자리 잡은 4차 산업혁명 시대의 진짜 주역인 셈입니다. 다음 파트에서 제대로 살펴볼 유니콘의 대표 주자들을 한걸음 먼저 만나보려고 합니다.

최대와 최고를 자랑하는 세계의 유니콘 1

공유경제 기업의 롤모델, 우버

유니콘 1위의 기업 가치를 자랑하는 우버는 '터치만 하면 차가 오는 스마트폰 앱을 만들면 어떨까?'라는 간단한 아이디어로 시작해 불과 6년 만에 680억 달러(한화 기준 약 80조 원)에 달하는 시가 총액을 기록한 세계 최고의 공유경제 기업입니다.

2009년 미국 샌프란시스코에서 등록된 차량의 운전기사와 승객을 모바일 앱을 통해 연결시켜주고 서비스 수수료를 받는 사업으로 시작한 우버는 이후 일반 차량을 연결시켜주는 우버 X를 비롯해 우버 택시, 우버 풀, 우버 버스 등 고객의 다양한 요구를 충족시키는 세분화된 서비스를 지속적으로 개발해 호응을 얻었습니다.

그뿐 아니라 2016년 9월과 10월에는 자율 주행 자동차를 이용한 서비스, 자체 개발한 자율 주행 트럭을 이용한 화물 운송 서비스를 론칭했으며, 또한 차량 공유 서비스로 확보한 빅데이터를 활용해 다양한 영역으로 사업을 확장하고 있습니다. 헬리콥터 서비스인 우버 콥터, 선박 공유 서비스인 우버 보트, 고양이 분양 서비스인 우버 키튼, 아이스크림 배달 서비스인 우버 아이스크림, 음식 배달 서비스인 우버 이츠 등이 그것이지요.

이로써 2016년 기준으로 우버는 전 세계 72개국 523개 도시에서 운영되며 한 달에 약 3,000만 명이 사용하는 세계 최고의 공유경제 서비스 기업으로 자리매김했습니다.

'4차 산업혁명'을 가장 잘 이해함으로써 뛰어난 비즈니스 모델과 완벽한 플랫폼을 만들었다고 평가받고 있는 우버에는 구글, 마이크로소프트, 중국의 바이두, 일본의 토요타가 주요 주주로 있으며, 골드만삭스, 모건스탠리 등 세계적인 투자자들이 현재 우버에 투자하고 있습니다. 구글, 페이스북 등 글로벌 기업의 인재를 비롯해 전 세계 인재들이 우버로 모이고 있고요.

최근에는 그야말로 "모든 것이 우버화되고 있다(There's an Uber for

everything now)"는 말이 나올 정도로 우버는 새로운 패러다임의 공유경제 세상을 만들고 있습니다. 실로 파괴적인 우버의 혁신 모델은 '우버드Ubered', '우버화Uberfication'라는 신조어를 만들어내면 전 사업 분야를 플랫폼화하고 있습니다. 2016년 10월 미국의 경제 전문 방송 CNBC는 4차 산업혁명을 이끌 파괴적 혁신자 1위에 우버를 선정하기도 했습니다.

이렇듯 대단한 지위를 점하고 있는 우버의 창업자는 트래비스 칼라닉Travis Kalanick입니다. 캘리포니아 대학에서 컴퓨터공학을 공부했던 트래비스는 법망을 피한 파일 공유 서비스 회사를 창업했다 파산하고는 한동안 할 일이 없어 하루에 14시간씩 침대에 누워만 있었다는 군요. 그 후 2001년에 합법적인 파일 공유 서비스 회사 '레드 스우시Red Swoosh'를 창업, 우여곡절 끝에 백만장자 대열에 들어서게 됩니다.

그렇게 백만장자가 되고 나서 트래비스가 가장 먼저 한 일은 1년간의 세계여행이었습니다. 그러던 중 2008년 프랑스 파리에서 열린 테크놀로지 콘퍼런스에 참가했다가 택시 잡기가 너무 어려워 "터치만 하면 차가 오는 스마트폰 앱을 만들 수 없을까?" 하는 아이디어를 떠올렸다고 합니다. 그리고 마침내 2010년 6월 샌프란시스코에서 '모든 사람의 개인 기사가 되겠다'는 의지를 담아 우버 서비스를 시작하게 됩니다.

그의 지인들은 트래비스가 성공한 원인으로 그의 공격적이고 오만한 성격을 꼽기도 합니다. 실제로 2014년 9월 샌프란시스코에서 열린 세계 최대 스타트업 콘퍼런스 '테크크런치 디스럽트 SF 2014'에서

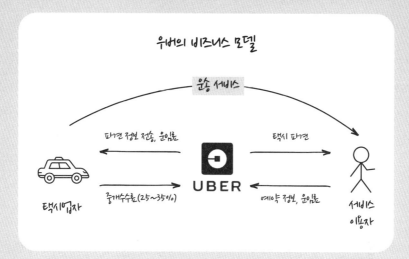

첫 세션의 주인공으로 나왔을 때 대담자가 그에게 이렇게 물었죠.

"택시업계, 자동차제조사, 리프트 같은 경쟁사들까지 도대체 우버의 적은 얼마나 많은 건가요?"

그러자 그는 이렇게 답했습니다.

"글쎄요. 우버의 비즈니스 성격이 파괴적disruptive이다 보니 어디를 가든 적이 있었고 그들과 싸워야 했습니다. 어쨌거나 우리는 미국의 거의 모든 도시에서 승리했습니다."

어찌되었든 우버는 현재 모든 공유경제 기업의 제1순위 롤모델임이 분명합니다.

세계 최대 우버 카피캣, 디디추싱

디디추싱은 우버의 비즈니스 모델을 카피해 중국 베이징을 중심으로 서비스를 해온 디디다처Didi Dache와 항저우 지역을 기반으로 한 콰이 디다처Kuaidi Dache가 2015년 2월 합병해 탄생한 차량 공유 서비스 기업입니다. 소프트뱅크의 투자를 받아 불과 4년 만에 기업 가치를 무려 500억 달러(한화 기준 약 57조 원)로 끌어올리며 중국 최대의 차량 공유 서비스 기업으로 성장했는데, 디디추싱은 우버와 마찬가지로 회사에 등록된 운전기사와 승객을 연결시켜주고 수수료를 받는 비즈니스 모델을 갖고 있으며, 현재 카풀, 대리운전, 통근버스 및 스쿨버스 등으로 사업 영역을 확대하고 있습니다.

수요에 비해 택시 공급이 턱없이 부족해 불법 택시 문제로 몸살을 앓던 중국에서 택시 공급과 수요의 불균형을 해소하며 관련 산업을 빠르게 성장시키는 추진체가 된 디디추싱은 설립 3년 만에 중국 내 시장 점유율 93%, 고객 수 2억 5,000만 명, 승차 건수 14억 3,000만 건을 기록했습니다. 이는 차량 공유 서비스 1위 기업인 우버가 6년간 기록한 전 세계 승차 건수 10억 건을 가볍게 추월한 수치입니다.

그러나 디디추싱은 중국 1위 기업이라는 타이틀에 만족하지 않고, 미국의 2위 업체 '리프트', 인도 최대 기업인 '올라', 동남아시아 최대 업체인 '그랩택시'에 지분을 갖는 것과 동시에 이들 기업과 공동으로

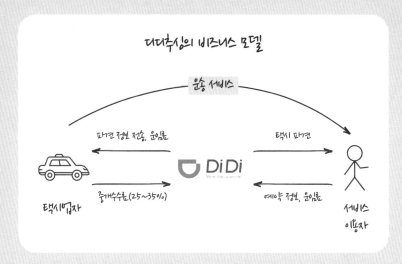

디디추싱의 비즈니스 모델

운송 서비스

파견 정보 전송, 운임료 ← DiDi → 택시 파견

택시업자 ← 중개수수료(25~35%)   예약 정보, 운임료 → 서비스 이용자

서비스를 전개함으로써 사업 영역을 해외로 확대했습니다. 2016년에만 애플 등으로부터 74억 달러 이상의 투자를 유치해 풍부한 자금력으로 빠르게 사업 확장을 꾀하고 있는 디디추싱은 앞으로 5년 내에 전기자동차 보유 대수를 100만 대 이상으로 늘리기로 하는 등 친환경 에너지 활성화에도 앞장설 것이라고 합니다.

디디추싱의 창업자인 청웨이程維는 1983년 장시성의 시골 마을에서 태어나 베이징 화공대를 졸업하고, 2005년 알리바바에 입사해 불과 6년 만에 부사장으로 초고속 승진한 신화를 쓴 인물입니다. 그는 자신이 꿈꾸던 회사를 창업하기 위해 과감하게 알리바바의 부사장 직을 포기하고, '샤오쥐커지小桔科技'라는 택시 호출 서비스 회사를 창업했습니다. 창업 후 3개월 만에 디디다처라는 서비스 앱을 출시했는데, 고객들의 반응은 거의 폭발적이었다고 합니다.

그는 우버와의 경쟁에서 승리하기 위해 파격적인 인센티브 시스템, 보조금 제도, 중국 현지에 적합한 앱과 서비스를 제공하면서 경쟁사와의 차별화를 시도했고, 2015년에 중국 내 최대 경쟁 회사인 '콰이디다처'와 합병합니다. 이어서 2016년 8월에는 '우버 차이나'와 M&A를 성사시키며 그야말로 난공불락의 기업을 탄생시키게 되지요. 과감한 성장 전략과 적과의 동침으로 우버의 카피캣이라는 오명을 씻어낸 것입니다.

세계 최대 숙박 공유 서비스, 에어비앤비

에어비앤비는 단 하나의 호텔도 보유하지 않으면서 세계 최대의 호텔그룹 콘래드 힐튼Conrad Hilton보다 높은 회사 가치를 보유하고 있는 세계 최대의 숙박 공유 서비스 기업입니다. 설립된 지 8년 만에 세계 191개국 3만 4,000개 도시에서 숙박 공유 서비스를 제공하며 무려 300억 달러(한화 기준 약 35조 원)의 기업 가치를 기록하는 등 또 하나의 유니콘 신화를 기록하고 있습니다.

여유 있는 주거 공간을 임대해 수익을 얻고자 하는 사람들과 공간

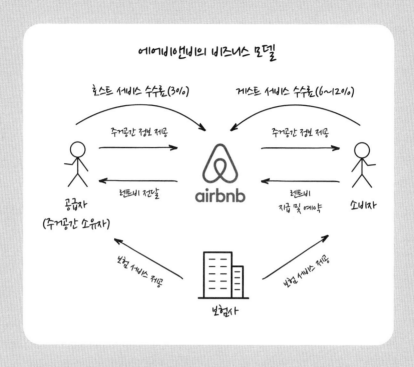

에어비앤비의 비즈니스 모델

호스트 서비스 수수료(3%)　　　게스트 서비스 수수료(6~12%)

주거공간 정보 제공　　　　　주거공간 정보 제공

렌트비 전달　　　　　렌트비 지급 및 예약

공급자
(주거공간 소유자)　　airbnb　　소비자

보험 서비스 제공　　　　　보험 서비스 제공

보험사

을 필요로 하는 여행객들을 연결시켜주고 수수료를 받는 비즈니스 모델을 갖고 있는 에어비앤비는 단순히 숙박 장소를 중개한다는 개념보다는 현지인들의 실제 생활을 체험할 수 있다는 장점을 지녔기 때문에 해외 여행객의 증가와 네트워크 활성화에 힘입어 상당히 빠른 속도로 성장했습니다. 2016년 매출 성장률은 전년 대비 89%에 달하며, 한화로 2조 원 이상의 매출을 올린 것으로 추정됩니다. 등록된 숙박 시설 또한 2009년 3,000개에서 2016년 5월에 무려 230만 개로 매년 153%

씩 성장하며, 이용자 수도 2년 사이 2배 이상 급등했습니다.

에어비앤비는 숙박 공유 서비스 외에 레스토랑 예약, 박물관 투어와 같은 다양한 부가 서비스도 출시했으며 2014년에는 구글, TBWA 등의 250개 기업 고객을 대상으로 임직원의 출장을 지원하는 B2B 서비스를 시작했습니다. 그런데 초고속 성장을 하고 있는 에어비앤비도 고객들의 잇단 절도나 폭행 등의 구설수에 휘말리면서 안전에 취약하다는 점과 숙박업소로 운영되고 있지만 사업자 등록을 하지 않아 관리의 사각지대에 있다는 지적을 받으며 많은 나라에서 정부, 지자체, 호텔 등과 갈등을 겪고 있는 실정이기는 합니다.

에어비앤비의 창업자 브라이언 체스키Brian Chesky는 로드아일랜드 디자인 스쿨을 졸업하고 2004년 LA에 있는 산업디자인 회사에 취직했으나 직장 생활에 회의감을 느껴 회사를 그만두고 창업을 택했다고 합니다. 2007년 샌프란시스코에서 자신의 원룸 아파트 한쪽 구석에 3개의 에어 매트릭스를 활용해 잠자리를 만들고, 공항 픽업과 아침식사를 저렴한 가격에 제공한다는 인터넷 광고를 통해 투숙객을 모집하는 비즈니스를 시작하게 됩니다. 공동 창업자 3명 중 2명이 디자인을 전공했다는 이유로 투자를 받는 데 어려움을 겪기도 했으나, Y콤비네이터를 만든 폴 그레이엄의 투자를 받으면서 성공의 길로 들어서게 됩니다.

에어비앤비는 세계적인 투자자인 워렌 버핏의 극찬을 받으며 현재 홈어웨이, 오비츠, 다이아몬드 리조트, 윔두 등 세계 각국에 수많은 카피캣 기업들을 양산하고 있습니다.

'10초 메시지'의 위력, 스냅

세계 최연소 억만장자가 CEO인 미국의 메신저 서비스 회사, 스냅은 2013년 말 설립 후 불과 2년 만에 페이스북으로부터 30억 달러(한화 약 3조 5,000억 원)의 인수 제안을 받아 화제가 된 데 이어 이를 거절함으로써 세간의 주목을 받은 기업입니다. 스냅은 사진과 동영상 공유에 특화된 모바일 메신저로, 메시지를 보내는 것보다 처리하는 방법에 주목했습니다. 사생활 보호와 사적 정보의 무단 사용 방지 등을 위해 '자동 소멸 메시지' 방법을 구현해 상대방에게 사진을 보내면서 10초 제한을 설정하면 10초 후 사진이 자동으로 삭제되는 단명 메시지' 서비스를 개발한 것입니다. 이는 사생활 노출을 꺼리는 사람들에게 크게 환영받으며 미국 내 13~34세 스마트폰 이용자 중 60% 이상이 사용할 정도로 인기를 끌게 됩니다.

스냅 출시 당시만 해도 수익 모델이 없었지만 엄청난 이용자의 증가로 2014년부터 광고를 통해 수익을 내고 있는데, 스냅 기업의 매출도 빠르게 증가하고 있습니다. 스냅은 2017년 3월, 미국 뉴욕 증권거래소에 화려하게 상장했습니다. 당시 공모가인 17달러보다 44%가

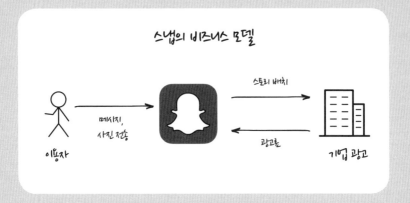

스냅의 비즈니스 모델

이용자 → 메시지, 사진 전송 → (스냅챗) → 스토리 배치 → 기업 광고
기업 광고 → 광고료 → (스냅챗)

높은 24.48달러에 거래를 마치며 시가 총액이 당시 기준 340억 달러(약 38조)에 달하는 기염을 토했습니다. 이는 역대 미국의 하이테크 기업 가운데 두 번째이자 미국 증시에서 이뤄진 하이테크 기업 공개로는 세 번째 규모인데요, 스냅의 수장인 에반 스피겔Evan Spiegel은 기업 공개를 결정하면서 억만장자 대열에 합류했습니다. 전 세계에서 매일 1억 5,000만 명이 넘는 인구가 스냅의 메시지 앱을 사용하고 있으니, 페이스북과 인스타그램을 잇는 차세대 SNS 플랫폼으로서 당당히 성장하고 있다고 볼 수 있습니다. 작년에는 스펙타클스Spectacles라는 선글라스를 선보이기도 했는데요, 이 선글라스에는 최대 10초간 영상을 촬영할 수 있는 버튼이 있고, 스냅챗으로 친구들과 공유도 할 수 있는 기능이 탑재되어 있습니다. 스냅은 회사 이름을 '스냅챗'에서 '스냅'으로 바꾸고 하드웨어 분야로 영역을 확대했습니다.

스냅의 창업자인 에번 스피걸Evan Spiegel은 1990년 LA에서 태어나 부모가 모두 변호사였던 덕분에 부유하게 자랐다고 합니다. 스탠퍼드 대학에 진학해 디자인을 전공하던 스피걸은 2011년 4월 친구 1명이 메신저로 사진을 잘못 보내고 후회하는 것을 보면서 아이디어를 얻게 됩니다. 그는 대학을 중퇴한 후 2011년 9월에 동영상과 사진 특화 앱인 스냅챗을 출시했고, 그로부터 3년 후 주식 가치 15억 달러로 전세계에서 가장 나이 어린 억만장자로 선정되기에 이릅니다. '10초 후면 사라지는 메시지'의 막강한 힘이 아닐 수 없습니다.

PART3

혁명을 이끄는 뉴 플레이어의 등장

불확실성과의 싸움에서 머뭇거리지 않는 실행력으로 확신을 갖고 시장을 주도하는 유니콘 기업들이 4차 산업혁명 시대의 뉴 플레이어로 등장하고 있다. 이들의 성공이 보여주는 것은 단 한 가지, 성공의 핵심은 과학기술이 아니라 비즈니스 모델이라는 것. 변화의 바람이 부는 지금, 변화를 능동적으로 받아들이고 이에 편승해가야 한다.

혁신의 주역 '유니콘'을 주목하라

|

창조적 아이디어와 비즈니스 모델로 무장한 유니콘이
새로운 시장을 선도하는 이때, 우리는 그들을 주목하며 그들 속에서
미래를 밝혀줄 해답이 무엇인지 치열하게 고민해야 한다.

뉴 플레이어, 유니콘의 눈부신 도약

요즘은 세상이 온통 '4차 산업혁명'이란 단어에 몰입돼 있지만 사실
상 4차 산업혁명은 과거 1·2·3차 산업혁명과는 달리 특별히 새로운
첨단 기술이 등장함으로써 이루어진 것이 아닙니다. 다만 장난감 '레
고'를 조립하듯 기존 기술들을 효율적으로 융합하고 복합해 새로운
기술과 제품을 만들고, 플랫폼 형태의 비즈니스 모델을 만들어 세상
을 혁신적으로 변화시키고 있는 것이지요. 이런 4차 산업혁명의 가

장 성공적인 모델로 평가받으며 초고속 성장을 지속하고 있는 특이한 기업들인 유니콘의 현재 상황에 대해 집중적으로 이야기해보겠습니다.

영험한 능력의 뿔을 지닌 전설 속의 동물 '유니콘'으로 불리는 이들 기업은 기업 가치가 10억 달러 이상인 비상장 스타트업을 일컫는데, 2017년 현재 전 세계적으로 244개가 있습니다. 이 수치는 유니콘이라는 신조어가 등장한 2013년 38개에서 6배 이상 증가한 것으로, 다른 회사에 인수합병이 되거나 주식시장에 상장한 스타트업을 포함하

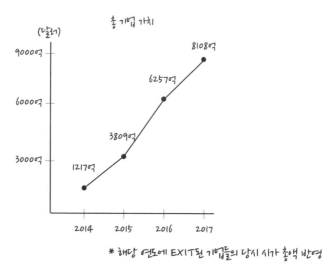

유니콘의 기업 가치

총 기업 가치

(달러)

9000억 ——————— 8108억

6257억

6000억

3809억

3000억

1217억

2014 2015 2016 2017

＊ 해당 연도에 EXIT된 기업들의 당시 시가 총액 반영

면 그 수는 300개를 훨씬 넘습니다. 유니콘이라는 이름을 붙인 데에는 희소하다는 이유도 있었을 텐데 이들 기업이 수적으로 크게 증가하다 보니 일부 전문가들은 더 이상 이 기업들을 유니콘이라 부를 것이 아니라 주변에서 흔히 볼 수 있는 얼룩말로 불러야 한다고 주장하기도 합니다. 이런 추세를 '특이하다'기보다 하나의 '커다란 흐름'으로 봐야 한다는 것이지요.

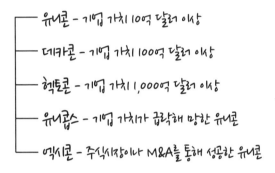

- 유니콘 - 기업 가치 10억 달러 이상
- 데카콘 - 기업 가치 100억 달러 이상
- 헥토콘 - 기업 가치 1,000억 달러 이상
- 유니콥스 - 기업 가치가 급락해 망한 유니콘
- 엑시콘 - 주식시장이나 M&A를 통해 성공한 유니콘

최근에는 유니콘보다 기업 가치가 10배나 큰 '데카콘Decacorn'도 속속 출현하고 있는데, 데카콘은 미국 〈블룸버그 통신〉이 주식시장에 기업 공개 전 이미 기업 가치가 100억 달러를 넘어선 초거대 스타트업을 유니콘 기업과 구분 지어 표현하면서 처음 쓰이기 시작한 용어입니다. 상상 속에나 존재해야 할 유니콘이 수적으로 많아지게 되면서 분류가 필요해졌고, '10'을 뜻하는 접두사 '데카Deca'를 붙여 유니콘의

10배에 해당하는, 즉 100억 달러의 기업 가치를 지니는 데카콘이라는 용어를 만들어낸 것입니다.

이에 더해 데카콘보다도 10배 큰 1,000억 달러 이상의 가치를 가진 기업을 '헥토콘Hectocorn'이라 부릅니다. 애플과 구글, 마이크로소프트, 페이스북 등 이미 시장에서 확고히 자리 잡은 기업들이 여기에 속하는 것이지요.

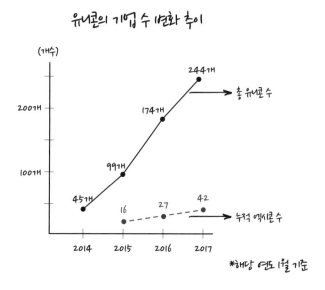

생성이 있으면 소멸도 있겠죠? 10억 달러 이상의 가치를 평가받았다가 상장 전에 망해서 사라진 스타트업을 죽은 유니콘이라는 의미로 유니콘과 시체corpse의 합성어인 '유니콥스Unicorpse'라는 신조어로 부

르기도 합니다.

마지막으로 엑시콘Exitcorn은 상장이 되거나 경영권을 매각하여 '빠져
나간exit' 유니콘을 의미하는데, 이것은 제가 착안해서 만들어낸 용어
입니다. 2017년 엑시콘의 누적 개수는 42개로, 유니콘의 개수가 해마
다 급증하고 기업 가치도 폭발적으로 늘어나는 현실에 비춰 볼 때 엑
시콘의 개수는 상대적으로 아주 적은 수에 불과하다고 하겠습니다.

대한민국이 꿈꾸는 미래, 이머징 유니콘

미국 스타트업 정보 사이트인 크런치베이스Crunchbase에서는 떠오르는
샛별, 이머징 유니콘Emerging Unicorn을 발표하며 68개의 스타트업을 소개
하고 있습니다. 5억~10억 달러 사이의 기업 가치를 평가받고 있는
기업들을 중심으로 이들의 변화를 실시간으로 업데이트하고 있는 것
인데, 예비 유니콘을 자세히 들여다보면서 미래의 기업들이 어떤 세
상을 만들어나가고자 하는지 살펴보는 재미가 쏠쏠합니다.

환경을 파괴하지 않는 지속 가능한 쓰레기 재활용 방법을 제공하
는 '루비콘 글로벌'은 이머징 유니콘의 기대주 중 한 곳입니다. 2008
년 사회적 기업가인 네이트 모리스Nate Morris가 공동 설립하고 지금까지
총 8,500만 달러의 투자금을 유치했습니다. 루비콘은 클라우드 기반

의 쓰레기 재활용 시스템을 통해 친환경적인 방법으로 기업의 처리 비용을 줄일 수 있는 서비스를 제공하고 있으며, 현재 캐나다와 푸에르토리코 등 북미 지역 약 2만 5,000여 곳에서 시행 중인데, 할리우드의 대표 배우, 레오나르도 디카프리오가 다른 투자자들과 함께 5,800만 달러(한화 약 710억 원)를 투자한 것으로도 유명합니다.

이머징 유니콘의 70%는 현재 모두 미국의 스타트업입니다. 중국은 7개의 기업을 리스트에 올리며 10%를 차지하고 있고요. 그 외에도 이집트, 러시아, 스웨덴 등지에서도 미래의 유니콘 기업을 만나볼 수 있으며 아시아 기업으로는 일본과 인도가 각각 2개씩 이름을 올렸으나 아쉽게도 한국 기업은 한 곳도 없습니다.

'예비 유니콘' 기업은 주로 서비스 산업과 공유경제 플랫폼, 소프트웨어 분야에 집중되어 있는데 서비스 산업은 그중 25개로 가장 많은 영역을 차지했으며, 소프트웨어가 18개, 공유경제 플랫폼이 13개로 그 뒤를 이었습니다. 하드웨어와 R&D 기업은 각각 1개씩 나타났습니다. 이 중에서도 교통과 관련된 비즈니스 모델이 4개나 등장한 것을 주목해볼 수 있습니다. 기존 산업 영역을 넘어 모든 것을 제품화해 서비스하고 공유라는 플랫폼은 앞으로도 핵심적인 비즈니스 모델로 자리 잡을 것입니다.

이런 때, 우리는 이들의 성장을 지켜보기만 할 것이 아니라 시대의 흐름에 최대한 빨리 편승해 흐름을 함께 만들어가야 합니다. 결국 성공한 유니콘 기업들에게서 공통적으로 찾아볼 수 있는 성공 요인이라고 한다면, 불확실성과의 싸움에서 머뭇거리지 않는 실행력으로 확신을 갖고 시장을 주도하는 데 집중하는 것이라 하겠습니다.

유니콘의 기업 가치는 누가 평가하는가

유니콘 기업의 대표 주자 우버의 기업 가치는 한화로 80조 원에 육박하며, 스냅은 40조 원 정도라고 했습니다. 그런데 이런 유니콘들의 기업 가치는 어떻게 매겨지는 것일까요? 가치는 시장에서 결정됩니다. 아파트 가격을 예로 들어볼까요? '내 아파트는 10억 원 정도 된다'는 것을 어떻게 알 수 있을까요? 가장 간단하게는 얼마 전에 옆집이 10억 원에 팔렸으니 내 집도 10억 정도 될 것이라고 추측할 수 있습니다. 유사한 것을 찾아 비교해서 가치를 파악하는 것입니다.

　이미 주식시장에 상장된 기업들은 내 집의 가격을 비교할 수 있는 대상 또는 기준이 되는 아파트라고 생각할 수 있습니다. 같은 동네 50평짜리 아파트는 10억, 30평은 6억, 이런 식으로 가치가 매겨지는 것이죠. 기업 가치도 마찬가지입니다. 삼성전자의 기업 가치는 유사한 다른 기업과 비교해서 시장에서 결정됩니다. 유니콘과 같은 비상장 기업들은 빌라나 신도시에 건축 예정인 아파트라고 생각하면 되는 것이고요. 이처럼 우리는 생각보다 간단하게 비상장 기업들의 가치를 매겨볼 수 있습니다.

또 다른 방법으로는 투자자들이 투자한 금액과 그에 상응하여 가져간 기업의 주식이 얼마인지를 역산해보는 것입니다. 예를 들어, 누군가 우버에 8조 원을 투자하면서 10%의 지분을 가져갔다고 가정한다면, 투자자들이 우버의 가치를 80조 원(투자금 8조 원의 10배)으로 평가했다는 것을 알 수 있습니다.

이렇듯 기업의 가치 평가는 간단합니다. 상장 기업은 대중들에게 가치가 공개되어 있기 때문에 일반 사람들도 기업 가치를 믿고 투자하면 됩니다. 다시 아파트를 예로 들어볼까요? 한 단지 내의 아파트가 평균 10억 원 정도에 팔리고 있다면 그 단지 내의 다른 집을 10억 원에 구매해도 손해가 아니라는 의미입니다.

그런데 누군가 새로 지은 빌라를 80억 원에 내놨는데 비교 대상이 없음에도 불구하고 그 가격에 빌라를 구매하는 사람들이 있습니다. 예를 들어, 한 병에 5,000만 원 하는 로마네 콩티라는 와인을 구매하거나, 피카소가 그린 그림을 1,300억 원에 구매하는 사람도 있지요. 유니콘 기업들은 아직 상장도 안 되어 있기 때문에 기업 가치를 매기는 것은 전문가들의 영역입니다. 와인의 가치를 매기는 사람들이 와인을 3억이나 4억에 구매한다고 해도 그 가치를 아는 사람들끼리 모여 있으면 이상하게 여기지 않거든요.

유니콘과 같은 비상장 기업들도 해당 분야의 전문가들이 모여 평가하고 투자하는 겁니다. 8조 원을 투자해서 10%의 지분을 가지고 간다고 하면 이 투자자가 기대하는 것은 무엇일까요? 당연히 수익입니다. 8조 원을 투자해서 기대하는 수익은 10조 원일 수도 있고 20조원일 수도 있습니다. 이런 투자자들은 유니콘들의 기업 가치를 상당히 높게 보고 있는 것이지요.

투자를 이끄는 핵심은 비즈니스 모델

유니콘 기업이 점점 증가하고 기업 가치도 커지고 있다는 것은 4차 산업혁명의 미래를 긍정적으로 보는 사람이 꽤 많다는 것을 의미합니다. 그런데 미래가 밝은지 어두운지, 이 기업이 성공할지 실패할지를 판단하는 기준을 잘못 세우고 있는 전문가나 투자자도 꽤 많습니다. 판단의 오류를 만들어내는 것은 다름 아닌 기술 중심주의입니다.

4차 산업혁명의 저변에 인공지능이나 가상현실과 같은 과학기술의 융복합이 있는 것은 사실입니다. 그러나 과학기술 자체가 경제적 성공을 만들지는 않습니다. 기술 중심의 사고를 갖게 되면 기술 중심의 투자와 지원만을 생각하게 됩니다. 그러나 현재까지 성공한 유니콘 기업들의 면면을 보더라도 신기술의 개발과 도입이 그들을 성공시켜준 핵심 이유가 된 사례는 거의 없습니다.

　오히려 기업의 가치, 미래의 성공 가능성의 핵심은 비즈니스 모델이었습니다. 유니콘 기업들의 비즈니스 모델은 대부분 공유경제와 추천(큐레이션), 정기구독(서브스크립션)을 기반으로 합니다. 모두 지금 있는 물건과 현재의 기술을 접목시켜 만든 것입니다. 우버는 새로운 기술을 기반으로 성공한 기업이 아닙니다. 우버 창업자는 단지 '내가 차가 필요한데 휴대전화로 부를 수 있으면 좋겠다'라는 생각에서 출발한 것입니다.

　거듭 이야기하지만, 비즈니스 아이디어를 구현시킬 비즈니스 모델이 중요한 것이지 그 비즈니스 모델에 사용되는 기술들을 내가 직접 실행할 능력을 갖고 있을 필요는 없다는 것입니다. 기술은 전문가들을 고용하거나 기술업체에 외주화하면 되는 것이죠. 오히려 성공하는 비즈니스 아이디어, 비즈니스 모델을 살펴보고 투자자들이 어디에 집중적으로 투자하는지를 보는 것이 경제 흐름을 이해하고 미래를 전망하는 데 더 필요한 일입니다. 기술의 발전 자체보다는 발전된 기술을 어떻게 이용할 것인지를 고민해야 할 때입니다.

스타트업 생태계 만들기

그동안 한국은 창조경제를 표방하며 창업을 장려하고 수많은 창업 관련 지원책을 내놓으며 창업 생태계를 만들기 위해 노력했지만 근본적으로는 '명시적으로 허용된 것을 제외한 모든 것은 불허한다'는 원칙인 '포지티브 시스템' 아래 규제와 정책에 발목을 붙잡혀 스타트업을 많이 성공시키지 못했습니다. 유니콘이 되기 위한 스타트업이 새로운 영역의 비즈니스를 개척할 때마다 그 비즈니스가 현행법에 위배되는 상황이 발생한 것이지요.

대표적으로 쿠팡의 경쟁력이라고도 불리는 로켓배송과 관련해서는 화물자동차운수업법이, 전 세계 공유경제의 바람을 일으킨 우버에는 여객자동차운수사업법 위반 혐의가 적용되며, 에어비앤비는 숙박업법에, P2P 대출 및 국제 간편송금과 관련된 핀테크 산업은 대부업법과 외환관리법에 위배되고 있습니다. 국내에서는 생각보다 훨씬 많은 신규 사업이 소위 현행법의 벽에 막혀 진정한 혁신으로 나아가지 못하는 상황입니다.

이런 포지티브 시스템 체제에서는 구조적으로 혁신적인 첨단 기술에 의해서 탄생하는 상품이나 서비스에 대해서 항상 현행법이 뒤처지게 되는 상황이 매번 발생할 수밖에 없습니다. 물론 벤처나 스타트업이 하는 것이니 무엇이든지 허용해주어야 한다는 것이 아닙니다.

다만 사회적으로 이슈가 될 소지가 조금이라도 있으면 '일단 안 돼' 식의 대응이 아니라, 사회에 확산되는 과정을 함께 지켜보고 사회적 이슈가 생기면 하나씩 해결 방법을 찾으면서 지속 가능한 구조를 만들어나가는 '네거티브 시스템'(명시된 사항만 위반하지 않으면 나머지는 모두 허용하는 제도)을 적극적으로 적용할 필요가 있다는 것입니다.

수많은 젊은이가 스타트업을 창업하고, 정부는 다양한 지원책을 펼치고, 언론은 연일 기업가 정신의 부활을 외치고 있는 것이 오늘날 대한민국의 현실이지 않습니까? 대기업들도 전국적으로 창조혁신센터를 만들고 스타트업을 적극적으로 지원하고 있으나, 대한민국의 경제성장률은 점점 하향 전망치를 갱신하고 있으며, 대기업들은 해외로 공장을 옮기고, 글로벌 기업들의 한국행 발길은 뜸한 실정입니다.

현재를 타개하기 위해서는 미래의 주역으로 꼽히는 유니콘 기업에 왜 전 세계가 주목하고 있는지 지속적으로 관심을 갖고 지켜봐야 합니다. 창조적인 아이디어와 비즈니스 모델로 무장한 유니콘이 새로운 시장을 만들고 미래를 열어가고 있는 이때 우리는 멈추지 않고 대한민국의 미래를 밝혀줄 해답이 무엇인지 치열하게 고민해야 합니다. 유니콘을 탄생시키기 위한 제대로 된 스타트업 생태계를 갖추는 일이야말로 한국 경제를 이끌어갈 새로운 성장 동력이 될 것입니다.

시대의 바람을 타고 변화를 주도하라

|

4차 산업혁명은 확실한 '변화의 바람'이다.
변화 정도나 내용을 정확히 예측할 수는 없지만
변화하고 있다는 것은 분명한 흐름인바
우리는 변화를 적극적으로 주도하거나 적어도 그에 편승해야 한다.

디지털 자이언트와 앵클 바이터에 주목하라

디지털 자이언트Digital Giant는 이미 4차 산업혁명과 관련된 기술을 확보해 사업으로 세계 시장을 리드하고 있는 기업들을 의미합니다. 미국의 거대 IT 기업인 이른바 'FANG'이라고 불리는 페이스북Facebook, 아마존Amazon, 넷플릭스Netflix, 구글Google, 중국의 3대 혁신 기업으로 꼽히는 바이두Baidu, 알리바바Alibaba, 텐센트Tencent를 일컫는 'BAT'가 그 주인공입니다. 앞서 예를 들었던 '아마존'을 다시 떠올려볼까요?

현재 아마존은 유통과 물류체계의 혁신을 통해 아마존고와 같은 무인 시스템을 구축하고 있습니다. 아마존의 시작은 온라인 서점이었는데 이후 다양한 물건들을 판매했고 지금은 비즈니스 시스템이 다양화되어 있습니다.

아마존의 궁극적인 방향은 무인 자동차 개발을 통해 물류 산업을 재패하는 것입니다. 그중에서도 무인 트럭을 목표로 하고 있습니다. 전 세계 물류에서 확고한 우위를 차지하기 위해 배송, 물류 시스템에서 자율 주행 트럭을 선점하려는 겁니다. 아마존고 무인 마트 시스템의 모든 기술은 무인 자동차 기술과 같습니다. 즉 무인 자동차 기술을 아마존고에서 실험하고 있다는 것이지요.

그 외에도 아마존이 무인 트럭을 지향하고 있다는 점은 여러 곳에서 찾아볼 수 있습니다. 그런데 아마존은 드론 기술도 많이 개발하고 있는데, 드론 기술을 어디에 쓰려고 하는 걸까요? 물류 시장에 무인 트럭이 어떻게 움직이는지를 조금만 생각해보면 그 답을 쉽게 찾을 수 있습니다. 무인 트럭이 이동하면 트럭에 대한 모니터링이 필요할 테고, 또 전 세계 물류 시스템을 장악한 뒤 물류 창고 안에 적재되어 있는 막대한 양의 재고도 드론을 활용하면 훨씬 더 빠르고 정확하게 파악할 수 있는 것이지요.

구글은 어디로 향하고 있을까요? 애플은 어떤 목적을 가지고 움직이고 있을까요? 이런 디지털 자이언트들의 방향과 목적을 주시하면 자연스럽게 미래의 모습을 예측할 수 있습니다. 선두 기업들이 융복합화를 통한 새로운 기술과 제품이나 서비스를 출시하면, 후발 업체들은 디지털 자이언트들이 만들어 놓은 규칙과 제도를 따라갈 수밖에 없기 때문입니다. 앞서 설명했던 앵커링 효과가 발휘되는 것이죠. 따라서 예측할 수 없는 시대에 우리의 방향성을 제대로 설정하기 위해서는 이런 디지털 자이언트들이 나아가는 방향을 주시해야 합니다.

디지털 자이언트 – 세계 시장을 리드하는 ICT 기업

또한 기존 시장의 판을 흔들거나 교란시킬 정도로 뚜렷한 존재감을 드러내는 기업인 앵클 바이터들을 살펴보겠습니다. 앵클 바이터 Ankle Biter란 아직 작고 어리지만 디지털 자이언트들의 발목을 잡고 늘어지는 귀찮고 위협적인 존재들을 일컫습니다. 모기가 눈앞에 왔다 갔다 하면서 발목을 콱 물었다고 생각해보세요. 상대적으로 작지만 부분적으로는 파괴적일 수 있습니다. 그래서 디지털 자이언트의 입장에서 이들을 '디지털 침입자'라고 부르기도 합니다. 이들은 기존 시장을 교란시키면서 새 판을 짤 수 있기 때문에 이들 앵클 바이터의 움직임도 주목해봐야 합니다. 아킬레스 건과 같은 결정적인 것을 쥐고 위협할 수 있는 기업들, 디지털 자이언트는 아니지만 세상을 변화시킬 수 있는 잠재력을 보유한 기업들이니까요. 우버와 에어비앤비와 같은 유니콘 기업들이 앵클 바이터에 포함됩니다.

앵클 바이터 - 작지만 위협적인 신생 기업

   분명 디지털 자이언트와 앵클 바이터가 주목하지 않는 분야에서 미래가 올 수는 없습니다. 그러므로 우리는 디지털 자이언트와 앵클 바이터의 움직임을 예의 주시해야만 합니다.

더 이상 블루오션은 없다

4차 산업혁명은 확실한 '변화의 바람'입니다. 변화의 정도를 예측하거나 정확한 내용을 파악할 수는 없지만 변화하고 있다는 것만은 분명한 흐름입니다. 4차 산업혁명에 대한 이야기를 하는 것은 이런 변화를 적극적으로 주도하거나 그럴 수 없다면 적어도 변화를 능동적으로 받아들이고 이에 편승해가야 한다는 취지에서입니다. 변화의 움직임은 디지털 자이언트와 앵클 바이터의 행동을 통해 파악할 수 있다고 했는데, 안타깝게도 우리나라 대기업들은 아직 큰 움직임이 없는 상황입니다. 그러므로 세계적인 대기업들의 움직임을 주시해야 하는 것이지요.

그렇다면 디지털 자이언트인 구글과 애플은 어떤 방향으로 움직이고 있을까요? 중요한 것은 이들이 시장을 바꿔나가기 위해 앵클 바이터들과 적극적으로 협업하고 있다는 것입니다. 예를 들어, 구글이 무인 자동차를 목표로 하는 데 있어서 전 세계 교통 플랫폼을 장악하고 있는 우버와 협력하는 것처럼요. 그렇기 때문에 구글은 우버에 투자하고 있는 것입니다.

애플은 구글의 후발 주자로 무인 자동차 시장에 진입했습니다. 구글이 우버를 선점한 상황에서 애플은 우버의 카피캣, 중국의 우버라고 불리는 차량 공유 기업 디디추싱滴滴出行에 투자하며 각축전을 벌이고 있습니다. 세계 시장을 주도해가는 거대한 기업들이 앞다투어 앵클 바이터 찾기에 몰두하고 있는 것입니다. 우리는 구글, 애플과 같은 디지털 자이언트들이 어떤 기업에 어떤 방식으로 투자를 하는지, 어떤 인력을 채용하는지, 어떤 기술을 개발하는지를 보며 방향을 판단해야 합니다. 이들이 새로운 산업을 만들어가며 시장의 판도를 바꾸고 있기 때문입니다.

최근 실리콘밸리에서는 '블루오션은 없다'는 말을 많이 합니다. 블루오션은 경쟁이 없는 시장에 진입해 높은 수익을 얻는 것을 의미합니다. 하지만 지금 실리콘밸리에만 스타트업 기업이 2만 개 이상입니다. '이 아이디어는 나만이 가지고 있는 유일한 거야'라고 생각하고 시장에 진입하지만 이미 다 있다는 것이지요. 지구상에 새로운 것은 존재하지 않는다는 것입니다. 앵클 바이터는 단지 기술만을 개발하는 기업이 아닙니다. 생활의 불편함을 포착해 사람들이 살아가는 방식을 획기적으로 바꿀 때 진짜 블루오션을 만들 수 있습니다. 우버의 창업 사례를 살펴볼까요?

우버의 창업자인 트래비스 칼라닉은 프랑스에 출장을 갔다가 추운 날씨에 택시를 잡지 못해 곤경에 처했던 자신의 경험을 바탕으로 '휴대폰으로 부르기만 하면 원하는 이동 수단이 5분 만에 달려오는' 우버라는 비즈니스 모델을 창출했습니다. 상상력은 경험에서 나온다는 말이 있지요? 우리나라 대기업 회장들이 우버라는 비즈니스 모델을 창출할 수 있을까요? 재벌 기업 회장들이 차가 없어 곤경에 빠지는 경험을 할 리 없습니다. 그러니 택시를 못 잡아서 우버와 같은 비즈니스 모델이 있으면 좋겠다는 생각 자체를 할 수 없습니다. 쉽게 말해, 디지털 자이언트들이 놓치는 분야가 꽤 많다는 것이지요. 불특정 다수가 어떤 것을 원하는지, 무엇을 필요로 하는지를 모를 수 있다는 겁니다.

변화를 주도하는 기업, 변화에 편승하는 기업

변화에 대응하는 기업 유형으로는 4가지를 들 수 있습니다. 변화를 주도하는 그룹, 변화를 무시하는 그룹, 그리고 변화에 편승하는 그룹, 변화를 인식조차 하지 못하는 그룹입니다. 4차 산업혁명에서 디지털 자이언트들은 크게 변화를 주도하는 그룹과 변화에 적극적으로 편승하는 그룹으로 분류됩니다.

먼저 변화를 주도하는 그룹의 예로 애플을 들어볼까요? 애플은 지난 2007년 1월, '맥월드 2007'에서 아이폰의 첫 모델을 공개하며 스마트폰 시대의 시작을 알렸습니다. 애플의 독자적인 운영체제인 iOS를 탑재하고, 터치스크린 방식의 아이팟에 휴대전화, 카메라, GPS, 무선인터넷 기능을 합친 애플의 스마트폰은 역대 스마트폰 중 가장 빠른 속도로 팔려나가며 '아이폰 열풍'을 일으키기 시작했습니다. 아이폰 열풍은 휴대전화에 대한 인식을 송두리째 바꿔놓았고 수많은 기업들이 아이폰이 구축한 모바일 생태계를 따라가고 있습니다.

반면에 이런 변화의 흐름에 재빠르게 편승한 기업의 예로 삼성을 들 수 있는데요, 아이폰 등장 이전의 휴대전화 시장은 노키아와 모토로라가 지배하던 시장이었습니다. 지금은 초라할 정도로 몰락한 두 기업은 한때 세계 휴대폰 시장의 1위와 2위를 다투던 기업들이었습니다. 삼성은 노키아와 모토로라와는 달리 시대의 흐름에 빠르게 편승했습니다. 아이폰의 출시 이후 급하게 내놓은 옴니아 시리즈에서는 고전을 면치 못했지만 2010년부터 내놓기 시작한 갤럭시 스마트폰 시리즈로 아이폰에 유일하게 대적할 수 있는 세계적인 기업으로 성장했습니다.

변화에 편승하는 그룹들은 대부분 산업 고도화를 향해 갑니다. 산업 고도화는 생산성을 높이는 것을 뜻합니다. 생산성을 높인다는 것은 고정비를 줄여 생산비용을 감소시키는 것이지요. 생산된 물건이 전량 시장에서 소비될 수 없기 때문에 대부분 비용을 절감하는 방향의 산업 고도화를 목표로 합니다. 그래서 비용 절감을 위한 산업 고도화를 위해 스마트 팩토리를 추진하는 경우가 많습니다.

스마트 팩토리가 증가하다 보니 4차 산업혁명이 본격화되면 로봇이 인력을 대체해 일자리가 다 없어질 것이라는 우려들이 나옵니다. 하지만 로봇이 인간을 대체하게 된다면 현실적으로 어떤 문제가 생길까요? 로봇이 공장을 가동시키기 위해서는 가장 먼저 빅데이터가 필요합니다. 모아진 데이터들은 클라우드에 저장되고 알고리즘을 짠 뒤 인공지능적인 기능을 할 수 있게 해야 합니다. 그 뒤 로봇이나 드론을 통해 하드웨어로 구현시키는 것이지요. 결국 공장의 인력을 전부 로봇으로 대체하기 위해서는 가장 먼저 빅데이터가 축적되어야 합니다. 하지만 우리나라에서는 여러 가지 규제들로 인해 빅데이터를 모으는 것 자체가 불가능합니다. 또 데이터만 많이 모아놓은 빅데이터는 의미가 없고, 실제로 의미 있고 사용 가능한 스마트 데이터smart data가 많이 필요한 것입니다. 공부 잘하려면 질이 좋은 교재가 필요하다는 것이지요. 하지만 모든 산업에 데이터가 축적되어 있지 않은 상황입니다. 결국 데이터 축적을 위해선 공장 노동자들의 협조가 필수적이지만 일자리를 잃게 생긴 노동자들이 협조를 해줄 리가 없겠지요.

그래서 기업들이 리쇼어링을 선택하는 것입니다. 앞서 아디다스도 독일에 신발 공장을 리쇼어링했다고 했습니다. 미국 트럼프 정부도 중국, 베트남의 공장을 미국으로 이전하라고 압박하고 있습니다. 중국 폭스콘 공장에 10만 명이 일하고 있는데 그곳에 만 명만 남기고 나머지 직원들을 모두 해고한다면 노동자들이 폭동을 일으킬 테지요. 이런 문제들 때문에 인력을 로봇으로 대체하는 변화는 생각만큼 빠르지 않을 것으로 전망됩니다. 스마트 팩토리를 운용하기 위해서는 대량의 정교한 데이터가 마련되어야 하는데 그 과정이 쉽지 않기 때문입니다.

스마트 팩토리는 먼 그대인가

제가 삼성에서 일하던 때 이런 일이 있었습니다. 삼성 그룹에선 매년 초 삼성 그룹이 개발했으면 좋겠으나 어려운 기술을 '애로 리스트'라고 해서 작성했습니다. 자체적으로 개발할 수 없거나 개발 시간이 오래 걸리는 경우가 해당되었습니다. 전 세계를 돌아다니며 이런 기술을 구매했었는데, 그러다 삼성이 개발한 기술도 판매해보자는 이야기들이 나왔습니다. 하지만 삼성이 개발한 기술은 선진국에서는 별로 관심이 없고 후진국에서는 너무 앞서가는 기술이었기 때문에 성과가 크지 않았습니다. 오히려 기술을 거래하는 기술 전시회Tech Expo에서는 삼성의 기술이 아닌 한국의 중소기업들이 보유하고 있는 기술을 찾는 동남아 국가가 많았습니다. 전화 교환과 관련한 기술이었는데요. 당시 한 중소기업이 가지고 있었던 것으로, 그 기업의 매출액이 10억 정도인데 기술 이전료가 50억이었으니 마다할 이유가 없었지요.

그런데 삼성의 중개로 계약을 맺었지만 이 계약은 실패했습니다. 왜일까요? 기술 이전을 위해서는 기술을 전부 문서화해야 합니다. 동남아 사람들이 기술을 실제로 사용할 수 있도록 문서로 자세히 설명해주어야 하는 것이지요. 하지만 한국어로도 작성이 어려운 기술의 구현을 영어로 표현하기란 더더욱 어려웠습니다. 그 결과 많은 돈을 배상하고 계약이 무효가 되었습니다.

스마트 팩토리도 마찬가지입니다. 기존의 노동자들이 하던 일을 모두 데이터로 환산해야 하는데 그 작업이 쉽지 않기 때문이지요. 현재 우리나라 수준에서는 불가능한 이야기입니다. 그러므로 로봇 등 신기술의 등장으로 일자리가 다 없어질 것이라는 것은 과장된 이야기에 불과합니다. 디지털 자이언트들에게도 4차 산업혁명은 미완의 단계입니다.

다시 아마존고를 예로 들어볼까요? 시애틀에서 시범적으로 운영한 뒤 본격적으로 매장을 개장한다는 계획이지만 아마존고와 같은 무인 마트가 성공을 거둘지 실패할지는 쉽게 예단할 수 없습니다. 극단적인 예를 들면 직원이 없기 때문에 도둑이 들어와서 물건을 훔치더라도 대책이 없을 수 있다는 것이지요.

변화를 무시하는 기업, 변화에 무지한 기업

다시 변화를 맞는 기업의 자세로 돌아가 변화를 무시하는 기업의 예를 들어보겠습니다. 주인공은 노키아입니다. 한때 노키아는 전 세계 휴대전화 시장에서 50%가 넘는 점유율을 가지고 있었습니다. 당시에는 '지구는 망해도 노키아는 망하지 않는다'는 말이 나올 정도였지요. 하지만 노키아는 결국 스마트폰 때문에 몰락했습니다. 사실상 노키아는 세계 최초로 스마트폰을 만든 곳인데, 그렇다면 노키아가 스마트폰을 팔기 시작했다면 어떤 일이 벌어졌을까요?

기존 휴대전화로 시장 점유율이 70~80%까지 육박한 상황에서 결국 자사의 기존 제품을 스마트폰이 대신하게 되겠죠. 이를 카니발리제이션cannibalization이라고 합니다. 이는 기업의 신제품이 기존 주력 제품의 시장을 잠식하는 현상을 가리키는 말입니다. 선두기업의 입장에선 신제품을 출시해 카니발리제이션을 할 필요가 없는 것이지요.

카니발리제이션 때문에 거센 변화가 일어날 때는 1등 기업이 가장 먼저 붕괴됩니다. 이를 두고 승자의 저주 혹은 승자의 패러독스, 이카루스의 패러독스라고 합니다. 이카루스의 패러독스는 선두 기업이 성공에 심취해서 혁신을 포기해 몰락에 이르게 되는 것을 일컫습니다. 대부분 1등 기업들은 변화의 시기가 왔음에도 이를 무시하는 경향이 있습니다. 이미 시장 점유율이 70%나 되는데 서두를 것이 없다고 보고 적당한 시기에 변하면 되겠지라고 무시해버리는 것이지요. 결과적으로 안타까운 일이 아닐 수 없습니다.

마지막으로 더욱 안타까운 경우는 변화를 인식조차 하지 못하는 기업의 경우입니다. 대표적인 사례가 대우자동차 아니겠습니까? 대우의 몰락은 표면적으로는 방만하고 부실한 경영이 원인으로 지목되었지만 사실상 변화하는 자동차산업에 대한 오너의 인식부족이 근본적 원인으로 지적된 바 있습니다. 첨단 하이테크 자동차산업을 고작 '미들테크'로 파악한 결과의 참패인 것이지요.

이상 변화에 대처하는 기업의 자세를 알아봤는데, 당연하게도 변화를 주도하거나, 주도하지는 못하더라도 최소한 변화를 빠르게 인지하고 편승하는 기업만이 지속 가능한 경영을 담보할 수 있습니다. 변화를 감지하지 못하거나 변화의 바람을 애써 무시한다면 어떤 기업이든 '제2의 노키아'와 같은 길을 걷게 될 것입니다.

성공의 함정, 흐름을 쫓되 따라 하지는 마라

I

새로운 미래에는 성공의 방향과 흐름을 쫓는 것이 중요하다.
기저귀와 면도기까지 배달해주는 기업이 성공한 것도 시대의 흐름을 정확히 읽고
사람들의 숨은 욕망에 부응했기 때문이다.

바나나 많이 먹고 일찍 일어나면 성공할까

4차 산업혁명의 시대, 앵클 바이터의 행방에 주목하는 것이 중요하다고 앞서 강조한 바 있습니다. 우버는 우버 엘리베이터에 유인 드론을 접목하여 수직 이착륙을 하는 운송 시스템을 만들겠다고 발표했는데요, 이들은 2021년까지 수직 이착륙 자동차의 프로토타입을 완성시키고, 2026년까지 상용화시키겠다고 선언했습니다. 우버의 이런 움직임을 보면 분명히 머지않은 미래에 비슷한 시도들이 쏟아져 나올 것을 예상할 수 있습

니다. 예상컨대 10년 안에 우리가 우버 엘리베이터를 자연스럽게 이용하는 세상이 펼쳐질지 모릅니다.

그런데 우버와 같이 성공한 앵클 바이터 모델을 보면 맹목적적으로 따라야겠다고 생각하는 분들이 많습니다. 하지만 성공의 방향을 보고 흐름을 좇는 것이 중요하다는 것이지, 이를 믿고 그대로 따라서는 안 됩니다. 성공한 사람들에 관한 재미있는 우화 중에 '바나나 먹는 원숭이' 이야기를 들려드리겠습니다.

천 마리의 원숭이 중 성공한 한 마리의 원숭이가 있습니다. 어떤 이유에서 성공을 하게 된 것인지를 두고 기자 원숭이가 성공한 원숭이를 취재하게 됩니다. 기자 원숭이는 어떻게 성공했냐고 묻지만 정작 성공한 원숭이는 자신이 어떻게 해서 성공했는지는 정말 모르겠고 그저 열심히 하다 보니 어느새 성공을 했을 뿐인데, 기자 원숭이가 자꾸 성공의 원인을 물어보니 답답할 따름입니다.

"내가 어떻게 성공했는지 나도 잘 모르겠어. 그냥 어쩌다 보니 성공하게 되었어."

하지만 기자 원숭이는 취재를 왔으니 그냥 돌아갈 수는 없겠지요. 답답한 기자 원숭이는 이렇게 물어봅니다.

"너 혹시 바나나 많이 먹었니?"

원숭이가 바나나를 많이 먹는 건 당연한 일이니 성공한 원숭이는 그렇다고 대답을 합니다. 그리고 기자 원숭이는 다음날 '바나나 많이 먹으면 성공한 원숭이 된다'는 제목의 기사를 쓰지요. 그러면 바나나가 많이 팔리게 됩니다.

하지만 다른 기자 원숭이가 보기에 이 기사는 말도 안 되는 이야기입니다. 자신도 바나나를 많이 먹지만 성공하지는 못했으니까요. 그래서 다른 기자 원숭이가 다시 취재를 나갑니다. 하지만 성공한 원숭이는 이미 머릿속에 '나는 바나나를 많이 먹어서 성공했다'는 인식이 자리 잡힌 상태인지라 두 번째 기자 원숭이가 물어도 역시 "바나나를 많이 먹어서 성공했다"고 대답하게 됩니다.

하지만 두 번째 기자 원숭이는 성공한 원숭이가 뭔가 비법을 숨기고 있다고 생각하여 재차 물어봅니다. 그러나 성공한 원숭이의 대답은 늘 똑같습니다. 자신의 성공 원인은 '바나나'라고 말이죠. 그러다 답답해진 기자 원숭이가 체념한 듯 이렇게 묻습니다.

"너 혹시 아침에 일찍 일어나니?"

성공한 원숭이는 일찍 일어나는 것 같다고 대답을 합니다. 다음날 '바나나 많이 먹고 일찍 일어나면 성공한 원숭이 된다'는 기사가 등장하게 되는 것입니다.

미국 경제학자들이 자기계발서를 비꼬며 쓰는 우화입니다. 말콤 글래드웰Malcolm Gladwell이 《아웃라이어》에서 언급했듯이 성공한 사람들은 대부분 운이 좋아서 성공한 것이지 계획해서 이뤄진 게 아니라는 것이지요. 제가 성공한 분들을 인터뷰해서 책을 출간할 때도 마찬가지었습니다. 대부분의 인사들이 인터뷰 당시에는 성공 이유를 모른다고 대답했습니다. 중국에서 성공한 사람에게 왜 중국에 진출했냐고 물어보면 대부분 어쩔 수 없이 갔다거나 왜 갔는지 기억 나지 않는다고 대답하죠. 하지만 제가 인터뷰를 기록한 책에 중국의 성장 가능성을 보고 먼저 진출했다고 써두면 그 후에 그 성공한 사람은 자신의 성공 이유를 기록대로 생각하게 됩니다.

작은 거인, 유니콘을 주목하라

앵클 바이터에게 어떤 비법이 있을 것이라고 생각하지 마세요. 앵클 바이터는 정답이 아닐뿐더러 더 이상 새로운 아이디어가 나오지 않을수도 있습니다. 사실상 우버의 창업자처럼 스마트폰으로 차를 부르면 좋겠다고 생각한 사람은 많을 겁니다.

그렇다면 성공한 CEO와 실패한 CEO를 인터뷰해보면 어떨까요? 성공한 CEO는 위험을 감수하면서도 좋은 사람을 뽑아서 열심히 했다고 대답합니다. 실패한 CEO도 위험을 감수하고 좋은 사람을 뽑아서 열심히 했다고 대답합니다. 하지만 운이 없었다는 말을 덧붙입니다. 결국 성공한 CEO와 실패한 CEO의 대답은 같습니다. 단지 듣는 사람들이 그 대답을 해석하고 그럴싸한 이유를 붙인다는 것이죠.

성공과 실패 여부를 사전에 예측하는 것은 불가능합니다. 앵클 바이터가 성공의 궤도에 올라서면 앵클 바이터가 추진하는 것들을 디지털 자이언트가 채택할 가능성이 높습니다. 그러므로 앵클 바이터와 디지털 자이언트의 결합을 모니터링하면서 그런 흐름에 편승하는 것이 필요한 것이지요.

하지만 일반인들이 디지털 자이언트의 흐름을 본다고 해도 큰 도움이 되지는 않습니다. 예를 들어, 삼성이 베트남으로 공장을 이전해서 스마트 팩토리를 구현한다고 해도 우리가 얻을 수 있는 것은 없을 겁니다. 하지만 앵클 바이터는 디지털 자이언트에 비해 변화 속도가 빠르고 규모도 크지 않아 일반인들이 그 변화를 감지하고 따라 하기 쉽습니다. 이 때문에 4차 산업혁명의 미래를 보려면 유니콘을 봐야 합니다.

유니콘이 비상장 기업으로 천문학적인 가치를 가지려면 결국 세계적인 투자자들이 해당 기업의 가치를 높게 인정해줘야 하는데, 똑같은 스타트업도 4~5년 만에 1조의 가치가 있다고 평가받을 수도 있고 아무런 가치를 인정받지 못할 수도 있습니다.

경제학자들이나 컨설팅 회사에서는 유니콘을 앵클 바이터라는 표현으로 사용합니다. 따라서 유니콘들이 어떤 비즈니스를 하고 있는지를 살펴보면 4차 산업혁명의 방향에 대한 예측이 가능합니다.

하드웨어는 지고 소프트웨어가 뜬다

최근 몇 년간 유니콘의 수는 기하급수적으로 증가해 2014년도에 45개에 불과했던 유니콘은 2017년 현재까지 244개로 증가했습니다. 국가별 분포를 보면 미국이 실리콘밸리에 74개, 기타 지역에 64개로 총 138개의 유니콘을 보유하고 있어서 그 수치에서는 압도적입니다. 그 뒤를 중국이 58개로 쫓고 있는데 2017년 아시아 국가 전체의 유니콘 수는 13개밖에 되지 않습니다. 아시아 지역 전체보다도 중국 한 국가에서의 유니콘 수가 4배 이상인 것이지요.

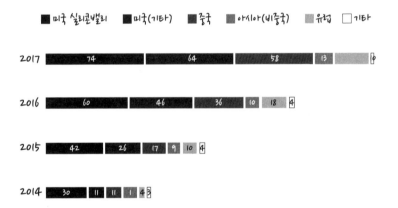

그럼 산업별로 유니콘 기업이 어떻게 분포되어 있는지 살펴볼까

요? 하드웨어와 관련된 비즈니스를 하고 있는 유니콘은 전체 244개 중에서 13개밖에 되지 않습니다. 변화 추이로 볼 때 2014년에 가장 커다란 비중을 차지했던 하드웨어 산업은 성장세가 꺾여 전체의 5% 밖에 되지 않습니다. 이는 기업의 경쟁력이 더 이상 제품을 더 좋고 저렴하게 만드는 데 있지 않다는 것을 의미하기도 합니다. 그만큼 서비스 산업이나 공유경제와 같이 우수한 비즈니스 모델 개발에 힘써 기업의 경쟁력을 갖추는 것이 더욱더 중요해지고 있습니다.

유니콘 기업이 가장 많이 분포하고 있는 곳은 컨시어지concierge 중심의 서비스 분야로, 약 70개의 기업들이 이 분야에 분포하고 있습니다. 다들 아시겠지만 컨시어지는 '고객의 요구에 맞춰 모든 서비스를 제공하는 서비스'를 말합니다. 이 분야의 성장 추이는 괄목할 만한데요, 지난 1년간만 보더라도 컨시어지 서비스 분야에서 무려 26개의 기업이 유니콘 기업으로 새로이 성장했습니다. 공유경제 플랫폼 서비스도 47개로 절반이 넘는 유니콘 기업들이 개방형 플랫폼 비즈니스 모델을 활용해 소비자와 판매자, 그리고 개인과 개인을 다양한 방식으로 연결하고 있습니다.

P2P 공유경제 플랫폼은 자동차, 빈방, 책, 중고품, 부동산 등 개인이 가진 자원을 여러 사람이 공유함으로써 자원의 활용을 극대화하는 서비스를 말합니다. 이런 공유경제 플랫폼 분야가 폭발적으로 성장하자 '이제는 스마트폰으로 온갖 서비스를 받을 수 있는' 컨시어지

서비스로까지 영역이 확대되었습니다. 단순히 '있는 것을 나누는' 서비스 개념을 넘어 주차 대행 요원, 쇼핑 도우미, 가정부, 안마사, 요리사, 심지어 의사까지도 내가 있는 곳으로 호출할 수 있게 된 것이지요.

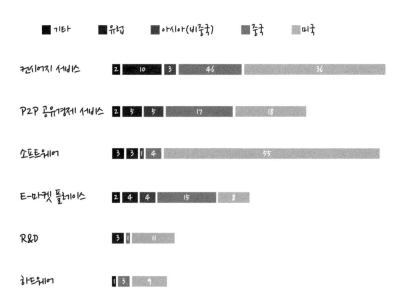

산업별 유니콘 분포

이뿐 아니라 4차 산업혁명 시대의 유니콘 기업들은 컨시어지 경제가 빠르게 확산될 수 있도록 여러 기술을 접목했습니다. 사물인터넷, 3D프린터, 웨어러블, 빅데이터, 클라우드, 인공지능, 증강현실 등 4

차 산업혁명의 주요한 기술들을 접목시켜 소비자들과의 접점 채널을 늘리고, 서비스를 더 편리하고 간편하게 이용할 수 있도록 했습니다.

미래의 유니콘이 될 이머징 유니콘 기업들의 형태를 보더라도 주로 컨시어지 서비스와 공유경제 플랫폼에 집중되어 있는 것을 알 수 있습니다. 기존 산업 영역을 넘어 모든 것을 제품화해 서비스하고 공유할 수 있는 플랫폼은 앞으로도 핵심적인 비즈니스 모델로 자리 잡을 것으로 예상됩니다. 우리는 이들의 성장을 지켜보기만 할 것이 아니라 미래의 주역으로 꼽히는 유니콘 기업에 왜 전 세계가 주목하는지를 지속적으로 관심 있게 연구하고 시대의 흐름을 함께 만들어가야 합니다.

'배달의 나라'를 만든 서브스크립션 비즈니스

글로벌 소비재 기업 '유니레버'는 2016년 7월, 설립한 지 5년밖에 되지 않은 '달러 쉐이브 클럽Dollar Shave Club'을 10억 달러에 인수했습니다. 달러 쉐이브 클럽은 매달 1달러에서 9달러 정도를 결제하면 여러 개의 면도날을 정기적으로 배송해주는 서브스크립션 업체입니다. '면도날 정기 배송'이라는 새로운 개념의 서비스를 시작한 이 회사는 현재 미국에서만 320만 명의 회원을 보유하고 있습니다.

기저귀를 정기적으로 배달해주는 서비스인 미국의 '어니스트 컴퍼니Honest Company'는 유명 할리우드 배우 제시카 알바가 창업한 회사로도 잘 알려져 있습니다. 그녀는 일과 육아를 병행하면서 매우 바쁜 나날을 보냈다고 합니다. 그러던 어느 날 구매해놓은 기저귀가 동난 것을 보고 자신 같은 사람들을 위해서 누군가 기저귀를 배달해주면 좋겠다는 생각을 하게 되었고, 그것이 지금의 어니스트 컴퍼니의 시작이 되었습니다. 어니스트 컴퍼니는 서브스크립션 서비스의 선두 주자로 17억 달러의 기업 가치를 인정받고 있습니다.

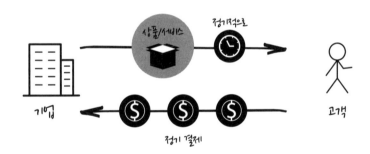

이처럼 서브스크립션 비즈니스는 신문을 정기적으로 구독하는 것처럼 생활에 필요한 물품들을 주기적으로 배달해주는 서비스를 말합니다. 유니콘 기업 중에서도 이 같은 서브스크립션 서비스가 다양하

게 나타나고 있습니다. 우유 배달, 신문이나 잡지 구독 등에서 시작한 정기 배송 서비스는 4차 산업혁명을 만나 면도날, 화장품, 옷, 가방, 식재료, 꽃, 수제 맥주, 취미 활동 재료 등 그 영역을 무한대로 확장해가고 있는 것이죠. 단순히 정기 배송만 해주는 것이 아니라 소비자 취향에 맞는 상품으로 알아서 골라주는 큐레이션 기능까지 더해져 진화해가고 있는 것입니다. 온라인 구매에 이미 익숙한 우리 세대에 서브스크립션 서비스가 편리한 서비스로 인식되면서 시장은 더욱더 커지고 있습니다.

소비자의 숨은 욕망을 파악하라

이렇게 성공적인 서브스크립션 서비스가 완성되기 위해서는 빅데이터를 통한 큐레이션 기능이 매우 중요합니다. 큐레이션이란 말 그대로 특정 분야의 전문가들이 직접 제품을 골라 소비자의 취향에 맞게 추천해주는 서비스를 말합니다. 유통업계에서는 큐레이션 기능이 얼마나 잘 갖춰졌느냐에 따라 서브스크립션 서비스 업체들의 성패가 좌우될 것이라고 보고 있습니다.

또 다른 혁신적인 서브스크립션 서비스를 한 번 살펴보겠습니다. 옷장 속 인공지능에게 스타일링을 주문하는 영화 속 한 장면 같은 상황을 한 번쯤 상상해본 적이 있을 겁니다. 2011년 미국에 설립된 '스티치 픽스Stitch Fix'는 소비자들이 입력한 데이터만으로 의상을 추천하고 배송해주는 의류 쇼핑몰입니다. 옷을 파는 쇼핑몰이지만 흔한 옷 사진이 한 장도 없습니다. 스티치 픽스는 인공지능 프로그램을 통해 소비자들의 데이터를 분석해 좋아할 만한 옷을 뽑아내고, 전문 스타일리스트가 이 가운데 5가지를 골라 고객들에게 배송해줍니다. 5가지 패션 아이템과 이 아이템을 다른 아이템과 함께 스타일링하는 법을 알려주는 스타일 카드와 함께 말입니다. 고객들은 옷을 입어보고 마음에 들지 않으면 반품하면 됩니다.

놀라운 것은 고객 중 80%는 스티치 픽스가 추천한 옷 가운데 한 벌을 구매하고, 80%의 고객은 첫 구매 후 90일 안에 재구매를 했다는 것입니다. 미국의 경제 전문지 〈포브스〉에 따르면 이 화사는 2016년도에만 8,000억 원이 넘는 매출을 달성했습니다.

스티치 픽스는 고객과 스타일리스트를 직접 연결하는 대신에 그 연결고리 지점에 인공지능을 도입해 스타일리스트가 아이템을 고르는 데 필요한 시간과 노력을 획기적으로 절감했습니다. 선호 스타일을 파악하는 알고리즘부터 패션 트렌드 분석, 최적의 스타일리스트 배정, 고객 만족도, 기업이 구매해야 하는 상품 목록의 리스트와 양을 결정하는 알고리즘까지 다양한 알고리즘을 활용해 고객에게 개인화된 추천 서비스를 제공합니다. 인공지능의 추천이 끝나면 3,000명이 넘는 스티치 픽스의 스타일리스트들이 옷을 선정해 최종적으로 고객에게 배송됩니다. 인공지능과 전문 스타일리스트와의 합작품으로 스티치 픽스만의 추천 시스템이 완성된 겁니다. 스티치 픽스는 아마존을 필두로 한 대형 이커머스e-commerce(전자 상거래) 업체들의 빠르고 저렴한 판매 전략과는 달리, 쇼핑할 시간이 없거나 쇼핑이 귀찮은 고객들의 쇼핑 고민을 해결해주는 것을 목표로 했습니다. 세련되게 입고 싶지만 옷을 고르는데 스트레스는 받고 싶지 않은 사람들을 공략했고, 이는 적중했습니다.

서브스크립션 서비스는 해외뿐 아니라 국내에서도 주목받고 있습니다. 반려동물을 위한 사료, 간식, 장난감 등을 골라주는 '펫박스', 계절에 맞는 화사한 꽃을 알아서 보내주는 '꾸까', 다양한 취미 활동거리를 배송해주는 '하비인더박스', 옷 스타일링 서비스를 제공하는 '윙클로젯' 등 그 영역 또한 점차 다양해지고 있습니다. 이들은 화장품부터 여성 의류, 유아 용품, 취미 생활, 식재료까지 고객 데이터를 바탕으로 소비자들의 숨은 욕망을 파악해 기존 시장에 위협이 되고 있습니다.

4차 산업혁명 시대가 본격화되면 데이터의 양이 폭발적으로 증가해 소비자의 요구에 맞춘 새로운 유통 혁신이 일어날 것입니다. 4차 산업혁명이 초래하는 미래의 모습은 바로 여기에 있습니다. 최첨단 기술이 우선이 아닌, 다양한 기술과 혜안을 가지고 사람들의 생활 속

불편함을 해결해주는 것입니다. 과거의 성장 산업은 주로 기술력은 바탕으로 한 하드웨어에서 나왔지만, 앞으로는 서브스크립션 서비스와 같이 소비자의 취향과 불편함을 정확히 파악해 이를 해결해주는 서비스 군이 혁신적인 미래 산업이 될 것입니다.

4차 산업혁명은 게으른 자들의 천국

그런데 여기서 잠깐, 달러 쉐이브 클럽의 창업자는 부지런했을까요, 게을렀을까요? 게으른 사람이었기 때문에 직접 사러 나가는 게 아니라 내가 필요할 때 면도날을 배달해줬으면 좋겠다는 아이디어를 낼 수 있었던 겁니다. 이런 형태의 아이디어를 직접 생각해보는 것이 중요합니다. 생활하면서 직접 구매하러 가기가 불편한데 이걸 배달해주면 어떨까? 이런 식으로 생각을 해보는 것이지요. 배달 물건은 양말이 될 수도 있고 속옷이 될 수도 있습니다. 생활 속의 어떤 불편함을 해결할 수 있을지를 먼저 고민하는 것이 중요합니다.

스티치 픽스를 창업한 카트리나 레이크Katrina Lake도 마찬가지입니다. 그녀는 직장 생활과 대학원 과정을 병행하며 바쁜 나날을 보내다 검은색 드레스가 필요해 쇼핑몰을 전전했다고 합니다. 한 벌의 옷을 구매하기 위해 수백 장의 사진을 검색해야 하는 끔찍한 경험을 하게 되죠. 그래서 그녀는 쇼핑에서 가장 귀찮은 부분인 '선택'을 제거해버린 쇼핑몰을 만들어냈습니다.

웹 기반의 파일 공유 서비스로도 유명한 '드롭박스'의 창업자 드루 휴스턴Drew Houston은 보스턴에서 뉴욕으로 가는 버스를 기다리던 중, 코딩 작업에 필요한 USB를 집에 두고 온 것을 뒤늦게 알아채고, 다시 집으로 돌아가야 한다는 사실에 귀찮고 화가 났다고 합니다. 아마 드루 휴스턴이 겪은 일을 수많은 직장인과 학생들도 경험한 적이 있을 겁니다. 휴스턴은 그때 'USB 메모리 없이 언제 어디서든 파일을 꺼내 쓸 방법이 없을까?' 하는 고민을 하게 됩니다. USB 메모리 스틱이 아닌 네트워크로 모든 파일을 공유한다면 더 이상 USB를 깜빡할 일이 없다고 생각한 것입니다. 드롭박스는 창업자 휴스턴의 사소한 실수로부터 시작되었고, 지금은 100억 달러의 기업 가치를 자랑하는, 전 세계에서 가장 유명한 파일 공유 서비스로 성장했습니다.

이렇듯 큐레이션이든, 서브스크립션이든, 어떤 기술을 접목한 새로운 서비스이든 4차 산업혁명에서는 '어떤' 상품을 '어떻게' 제공할 것인가가 매우 중요합니다. 큐레이션을 통한 서브스크립션 서비스는 결정하는 데 들어가는 시간과 함께 질 높은 상품을 정기적으로 배송받을 수 있는 요즘 시대의 '취저(취향 저격)'서비스로 자리매김하고 있습니다.

이제 우리는 더 이상 USB를 지니고 다니지 않고, 자동차가 필요할

땐 우버를, 여행을 갈 땐 에어비앤비를, 나에게 꼭 맞는 옷은 스티치 픽스를 통해, 아이를 위한 기저귀는 어니스트 컴퍼니로 받아보는 시대에 살고 있습니다. 사실 그 시작은 게으른(?) 자들의 필요로 만들어졌지만요. 단순한 아이디어에서 시작한 움직임은 유통 산업의 구조를 바꾸고, 사람들의 소비문화의 새로운 기준을 제시하며, 생활방식을 통째로 바꾸고 있습니다. 여러분도 일상에서 불편함이 있었나요? 어떻게 해결할 수 있을까요? 지금부터 그 답을 고민해보는 건 어떨까요?

4차 산업혁명 시대, 우리에게 없는 것들

I

머리에 뿔이 난 상상의 동물이 실제 현실 속을 뛰어다니는
창의적 들판에서 왜 우리나라는 함께 도약하지 못하는 걸까?
우리에게 없는 것이 무엇인지 진지하게 고민해보자.

문제는 교육이다

4차 산업혁명을 이야기하면서 이제 우리나라의 교육체계에도 문제를
제기하는 사람들이 많습니다. 유니콘 기업을 탄생시킨 창업자들이
어떤 대학에서 공부했는지 알아볼까요?

영국의 회계 소프트웨어 업체 세이지의 조사 결과에 따르면, 미국
의 스탠퍼드 대학은 총 51명의 유니콘 창업자를 배출, 유니콘 기업의
선두 주자들을 가장 많이 배출한 글로벌 대학 1위에 올랐습니다. 스
탠퍼드 대학에 이어 하버드 대학이 2위, 미국 밖의 국가/지역 대학으

로는 인도 공과대학이 순위에 오르는 등 세계적인 수준의 대학들에서 유니콘 기업의 창업자들 배출해냈습니다.

대학별 유니콘 기업 창업자 배출 순위

순위	대학	인원
1등	스탠퍼드 대학(미국)	51명
2등	하버드 대학(미국)	37명
3등	캘리포니아 대학(미국)	18명
4등	인도 공과대학(인도)	9명
5등	매사추세츠 공과대학(미국)	9명
	펜실베이니아 대학(미국)	9명
7등	옥스퍼드 대학(영국)	8명
8등	텔아비브 대학(이스라엘)	7명

4차 산업혁명 시대에 필요한 인재를 키우기 위해서는 가르치는 방식에서부터 바꿔나가야 합니다. 이제 단순히 지식을 전달하는 것이 아니라 '생각'하는 방법과 '협력'하는 방법을 가르쳐야 합니다. 소프트웨어 학과를 확충하거나 교육 시간을 늘리는 것은 단편적인 대책에 불과합니다. 한발 더 나아가 다양한 아이디어를 바탕으로 융합과 응용이 가능한 지식, 기술을 덧붙여 나가는 점진적인 교육 혁명이 필요한 것입니다. 학생들이 문제 해결 과정을 통해 창업 과정을 이해할

수 있도록 하는 경험 위주의 창업 교육, 실패를 딛고 재도전하는 것을 격려하는 문화 등 지금까지의 관례에서 벗어나 많은 변화의 시도가 동반되어야 할 것입니다.

유니콘의 열기는 선진국에만 그치지 않습니다. 아랍에미리트, 아프리카, 러시아, 브라질, 이스라엘 등 자국의 상황과 특성을 잘 반영한 비즈니스 모델로 유니콘의 반열에 오르면서 세계의 주목을 한 몸에 받고 있습니다.

독일의 스타트업 '로켓 인터넷Rocket Internet' 이 설립한 나이지리아의 '아프리카 인터넷 그룹Africa Internet Group'은 아프리카의 아마존으로 불리는 '주미아Jumia'를 시작으로 총 10개의 자회사를 거느린 거대 유니콘 기업입니다. 아프리카 최대 이커머스 업체인 주미아는 아프리카의 아마존으로 불리는 곳으로 현재 이집트와 케냐 등 아프리카 내 11개 국에서 영업을 하고 있습니다. 이들은 골드만삭스, 프랑스의 금융그룹 악사AXA 등 굵직한 투자자들로부터 엄청난 투자금을 유치하며 상대적으로 열악한 환경에서도 성장 가능성을 입증하고 있습니다.

아프리카의 높은 성장성도 한몫하겠지만, 상대적인 결핍에서 출발한 아프리카의 스타트업들이 자체적인 확장성을 가지고 시장에서도 충분히 인정받을 만한 서비스를 선보이면서 아프리카에 새로운 기회를 만들고 있습니다.

이렇게 전 세계적으로 돌풍을 일으키고 있는 유니콘 기업, 머리에

뿔이 난 상상 속의 동물이 실제 현실 속을 뛰어다니는 지금의 창의적 들판에서 왜 우리나라는 함께 도약하지 못하는 것일까요? 우리에게 진정 필요한 것이 무엇인지 진지하게 고민해보아야 할 시점이 아닐 수 없습니다.

우버의 빛나는 성취를 보라

우버는 2009년 미국 샌프란시스코에서 시작된 차량 공유 서비스입니다. 차를 소유하고 있는 개인이 우버가 제시하는 몇 가지 조건에 부응하면 우버 기사가 될 수 있고, 이렇게 고용된 운전기사와 승객을 모바일 앱을 통해 중개하는 서비스로 시작했습니다. 고객들은 자신을 태우러 오는 차량의 위치를 실시간으로 파악할 수 있고, 운전사의 이름과 차종, 번호판은 물론 기존 승객들이 매긴 평점까지 미리 알 수 있습니다. 승차 후에는 우버 앱이 내비게이션 노릇을 똑똑히 하기 때문에 따로 목적지를 설명할 필요도 없습니다. 목적지에 도착한 뒤에도 결제할 필요 없이 그냥 내리면 됩니다. 앱에 등록한 신용카드로 자동 결제가 되기 때문이지요. 팁을 줄 필요도 없으니 팁 액수 때문에 골치 아파하지 않아도 됩니다. 이처럼 우버는 기존 택시에서는 경험하지 못한 편리한 서비스와 낮은 가격으로 폭발적으로 성장했습니다.

최초에는 링컨 타운 카, BMW7 시리즈, 메르세데즈-벤츠 S550 세단 등을 차량으로 제공하며 고급 서비스를 지향했지만, 2012년부터 우버 X를 출시해 저렴한 모델의 차량도 선택할 수 있도록 하면서 시장을 더욱더 넓혀갔습니다. 이뿐 아닙니다. 최고급 차량을 소유한 운전기사와 승객을 연결시켜주는 우버 럭스, 6인 이상을 태우거나 다량의 물건을 운송해주는 우버 SUV, 이동이 불편한 장애인들을 위한 우버 어시스트, 출퇴근 시간에 다른 사람들과 함께 출퇴근하는 우버 풀, 버스를 이용하는 우버 버스까지 등장시키며 새로운 시장을 개척해 세간의 주목을 받았습니다.

우버가 차량 공유 서비스의 개념을 도입해 2009년 혜성처럼 등장한 이후 전 세계의 수많은 차량 공유 서비스 업체가 생겨났고, 우버가 미치는 영향력은 커져가고 있습니다. 국내에서도 국내의 규제 안에서 기존의 택시 기사들과 승객을 연결한 '카카오 택시'가 등장했고, '쏘카', '모두의 셔틀', '풀러스' 등 다양한 콘셉트의 카 쉐어링 서비스들이 생겨났습니다.

영국의 유명 일간지 〈파이낸셜 타임즈〉는 '우버드Ubered'라는 표현을 사용해 우버가 특정 서비스가 아니라 업계의 변화 방향이라고 설명하면서, 소비자와 공급자가 중개자 없이 인터넷 플랫폼에서 직접 만날 수 있는 시스템이 전 방위적으로 확산되어가고 있다고 밝히기도 했습니다. 최근 공유경제 서비스를 표방한 기업들에 관한 기사를 보면 'ㅇㅇ계의 우버'라는 표현을 자주 볼 수 있는 것도 이 때문일 것입니다.

최근 우버는 자율 주행 자동차 개발에 착수해 자체 개발한 자율 주행 트럭을 이용한 화물 운송 서비스 실험에 성공하는 등 결국 모두가 차량을 소유하지 않아도 되는 자동차의 공유경제를 완성하겠다는 목표를 밝힌 바 있습니다. 〈월스트리트 저널〉은 미래에 차를 소유하는 것은 오늘날 말을 소유하는 것과 같다고 전망하고 있을 정도니, 머지않은 미래의 거리 풍경이 어떨지 감히 상상이 잘 되지 않습니다. 이뿐 아니라 헬리콥터를 부를 수 있는 우버 콥터, 선박을 공유할 수 있는 우버 보트, 고양이를 분양하는 우버 키튼, 아이스크림을 배달하는 우버 아이스크림, 음식을 배달하는 우버 이츠 등 차량 이동 서비스를 더욱 더 확장해 전 세계를 우버의 플랫폼으로 만들어가고 있습니다.

현재 우버는 72개국 523개 도시에서 운영되며 한 달에 약 3,000만 명이 사용하는 세계 최대의 이동 서비스가 되었습니다. 유니콘 기업 중에서도 무려 80조 원에 육박하는 기업 가치를 인정받으면서 엄청난 몸값을 자랑하고 있죠. 최근 경영진에 붉어진 문제, 끊임없이 이어지는 기존 택시 업계와의 갈등과 같이 해결해야 할 문제가 산적하지만, 우버의 등장이 거의 모든 서비스 영역에까지 혁신의 기반을 제공해 우리 삶을 변화시키고 있는 것만은 분명합니다. 이전에 충분히 이용되지 못했던 자원을 적극적으로 활용함으로써 전 세계를 호령하는 공룡 스타트업으로 성장한 우버. 4차 산업혁명을 이끌 파괴적 혁신자로 성장해가는 모습을 지켜보지 않을 수 없습니다.

무시할 수 없는 플랫폼들

우버의 뒤를 이어 중국에서는 우버와 같은 비즈니스 모델의 서비스를 제공하는 회사가 생겨났습니다. 바로 디디다처와 콰이디다처라는 회사인데요, 이 두 회사는 얼마 전 합병을 통해 '디디추싱'이라는 이름으로 거대한 중국 시장을 재패하기 시작했고, 최근에는 아시아 최고의 기업 가치를 지닌 유니콘 기업으로 발돋움했습니다. 디디추싱은 설립 3년 만에 중국 내 시장 점유율을 93%까지 장악했고, 결국 2016년에는 원조 기업인 우버가 디디추싱에 맥을 못 추고 중국 시장에서 철수하는 사태까지 벌어졌습니다.

독일의 한 자동차 전문가는 디디추싱이 향후 전 세계 무인자동차의 플랫폼이 될 가능성이 가장 높은 회사가 될 것이라고 예측하기도 했습니다. 왜냐하면 디디추싱의 성장 속도가 무섭도록 빠르기도 하고, 디디추싱이 캘리포니아 마운틴뷰 지역에 자율 주행차를 개발하기 위한 인공지능연구소를 벌써부터 설립해 우버와 구글 등에서 일했던 고위급 인재를 확보하는 등 3년 안에 세계 최대 원스톱 교통 플랫폼을 만들겠다고 선전포고를 했거든요.

　중요하게 봐야 할 것은 디디추싱이 전 세계에서 가장 많은 인구를 자랑하는 중국의 시장을 석권하고 있다는 것입니다. 2015년 기준 디디추싱의 고객 수는 2억 5,000만 명입니다. 승차 건수는 14억 3,000만 건이고요. 14억 인구 중국의 모든 사람이 한 번쯤은 이용했다는 의미입니다. 디디추싱의 플랫폼이 얼마나 무서운 속도로 확장해가는지 가늠이 되나요? 여기에 더해 디디추싱은 세계 시장에서 우버와의 경쟁을 가속화하기 위해 각국의 차량 공유 서비스들과 연합해 계속해서 몸집을 불려가고 있습니다. 인도의 차량 공유업체인 '올라캡스', 동남아시아의 '그랩택시', 미국의 '리프트'와 함께 4개 업체의 연합 전선을 이룬 것인데요, 이들 4개 서비스가 지원하는 지역이면 어떤 앱을 써도 동일한 서비스를 받을 수 있도록 하는 공동 서비스를 선보이면서 해외시장 진출까지 노리고 있습니다.

　이렇게 디디추싱은 얼마 전에는 소프트뱅크로부터 스타트업계 사상 최대 규모의 투자를 유치해 설립 5년 만에 500억 달러에 달하는 기업 가치를 인정받았습니다. 중국의 스마트폰 제조업체인 샤오미를 당당히 제치고 중국뿐 아니라 아시아 최고의 스타트업으로 급성장해 우버의 뒤를 바짝 쫓고 있습니다. 몇몇 전문가들은 머지않아 디디추싱이 우버를 능가하는 세계 최고의 유니콘이 될 가능성도 적지 않다고 평가하고 있습니다.

중국에서 디디추싱이 빠르게 성공할 수 있었던 것은 상대적으로 열악했던 차량 이동 서비스에 합법적으로 공급과 수요의 불균형을 해결했기 때문입니다. 우버의 카피캣으로 시작했지만 이제는 기존의 핵심 사업을 통해 가지고 있던 역량을 바탕으로 퍼스트 무버(새로운 분야를 개척하는 선도자)의 비즈니스를 더해 사업을 확장시키고 있습니다. 수익성이나 확장성을 보이는 비즈니스를 발 빠르게 채택하고 디디추싱만의 역량과 접목시켜 시장을 주도하고 있는 것이지요. 이제 디디추싱은 더 이상 복제품이 아닌 산업 혁신의 주역으로 평가받고 있습니다.

멀리 보는 기업이 승리하는 법

우버와 디디추싱이 시작한 교통 혁명은 본격적인 규모의 경제를 이루고 있습니다. 차량을 필요로 하는 사람과 남는 차량을 연결시키고, 같은 방향으로 움직이는 사람들을 자연스럽게 묶어서 움직이면서 이용 가격은 계속 낮아지고 있습니다. 사람들의 이동 방식이 크게 바뀌고 있고 더 많은 사람이 이런 차량 공유 서비스를 이용하니 더 많은 사람이 우버 드라이버, 우버의 승객이 되어 네트워크 효과는 극대화되고 있습니다.

우버와 비슷한 서비스를 하고 있는 세계 각국의 강자들에게는 거액이 투자되고 있습니다. 토요타는 우버에, GM은 미국의 리프트에는 6,000억 원을 투자했습니다. 애플은 디디추싱에 10억 달러를, 폭스바겐은 게트Gett라는 미국의 차량 공유 서비스에 3억 달러를 투자하며 너나 할 것 없이 시장의 흐름을 따라가기에 여념이 없습니다. 더 나아가 이런 행보는 차량 공유 서비스에 그치는 것이 아니라 궁극적으로 자율 주행차 시장에서의 주도권을 가져오기 위한 것이기 때문에 이들은 경쟁을 통해 최적의 생태계를 구축해가고 있습니다. 이제는 더 이상 기존의 대형 업체들이 시장을 주도해가는 것이 아니라 유니콘 기업들과 앞다투어 경쟁을 펼치고 있는 것입니다. 그리고 지금 이 순간에도 새로운 회사들은 쏟아져 나오고 있습니다.

이처럼 차량 공유 서비스만 보더라도 전 세계 곳곳에서 무서운 속도로 성장 중입니다. 그런데 한국만 엄격한 규제로 인해 진공상태에 빠져 있습니다. 만약 이대로 몇 년간 글로벌 공룡 서비스들이 이 분야에서 다 자리를 잡고 나면 아마 한국이 들어갈 틈은 없어질지 모릅니다. 반대로 전 세계 500개 도시 어디를 여행하든지 쓸 수 있는 우버의 서비스를 국내에서 전혀 이용할 수 없다면, 앞으로 유니콘 기업들이 만들어나갈 거대한 플랫폼에서 우리는 영원히 제외될지도 모릅니다. 어떤 서비스가 출시되어도 우리는 그 서비스에 진입할 수 없는 것이지요.

유감스럽게도 한국에서는 우버나 디디추싱과 같은 회사와 대적할 회사는 없어 보입니다. 카카오 택시조차도 규제 때문에 플랫폼을 성장시키는 데 어려움을 겪고 있으니 말이죠. 통근 카풀 서비스를 제공하는 풀러스는 한국의 규제에 막혀 업종을 변경하기도 했습니다.

매일 전 세계에서 동시에 수백, 수천만 명을 실어 나르는 플랫폼을 가진 이들 승차 공유 업체들은 앞으로 우리에게 자율 주행 자동차 시대를 안겨줄 것입니다. 이들은 이 자율 주행차를 운행하는 데 최적의 기반을 가진 회사이기 때문입니다. 여기에 필요한 고객과 운행 이력, 실시간 교통정보, 디지털 지도 등 관련 데이터를 이미 누구보다 정교하게 파악하고 구글, 애플 등과 함께 무인자동차 시장을 개척 중에 있습니다.

4차 산업혁명의 기로에 서 있는 지금, 우리는 어떤 선택을 해야 할까요? 다가오는 변화를 느끼고도 무시하고 있나요? 아니면 그 변화조차도 감지하고 있지도 못하고 있는 건 아닌가요? 이미 변화가 찾아왔다면, 하루 빨리 규제를 풀고, 국내에 시도되지 않았던 혁신적인 모델들을 가져와 한국의 사정에 맞게 현지화하고 거대한 플랫폼에 올라타 함께 변화를 만들어가야 하지 않을지 생각해볼 문제입니다.

나만의 시선을 가져야 성공한다

강남역과 명동에 위워크WeWork라는 곳이 있습니다. 현재 미국과 유럽 등 15개 국가에 150개 지점을 두고, 1인 스타트업부터 중소 기업들에 책상 단위의 공간을 빌려주는 코워킹 스페이스 업체입니다. 건물을 통째로 임대하거나 일부 층을 임대해서 이를 재임대해주는 일종의 전전세 형태의 사업인 것이죠. 이들은 올해에만 지금까지 총 1조 원 가량의 투자금을 유치하며 기업 가치가 22조 원으로 껑충 뛰었습니다.

위워크는 단순히 기업들에게 공간을 빌려주는 것에 그치지 않고 스타트업들을 지원하는 사업을 다양하게 벌이고 있습니다. 건물에 입주한 회사는 물론, 전 세계 대도시에 들어서 있는 위워크 지점들에 입주한 다국적 회사를 연결시켜주기도 합니다. 그러다 보니 자연스럽게 위워크에 입주한 기업들 사이에 네트워킹이 활발해지고 그들만의 끈끈한 커뮤니티가 형성되었습니다. 책상 단위의 사무실을 임대하는 작은 아이디어가 어느새 스타트업들을 위한 최적의 생태계로 성장한 것입니다.

요즘 개인 스타트업들이 참 많습니다. 이런 개인 스타트업이 위워크의 책상을 빌려서 일을 하면서 옆자리의 개인 스타트업과 융복합도 일어나게 됩니다. 스타트업을 준비하는 일반 사람들에게 원하는 공간 형태를 물으면 대부분은 개방적인 것보다 폐쇄적인 것이 좋다고 대답합니다. 사생활이 있으니 파티션을 통해 공간 구획을 확실히 해달라는 것이죠. 그런데 의아하게도 이런 실제 니즈를 바탕으로 스타트업들에게 폐쇄적인 공간을 제공한 기업은 시장에서 도태되었고, 반대로 위워크는 개방적인 형태를 제공해 크게 성공했습니다. 행동경제학을 이해하지 않으면 이 결과를 납득하기 어렵겠지요.

위워크 창업자는 어떻게 이런 비즈니스 모델을 생각해냈을까요? 사무실을 빌릴 정도의 돈이 없으니 책상 하나만 있어도 좋겠다는 생각에서 시작된 겁니다. 디제이아이DJI라는 세계 최대의 드론 업체도 첫 시작은 홍콩에서 학업 중인 중국 학생들끼리 소형 헬리콥터에 관심을 갖은 것이었습니다. 평생 소형 헬리콥터 같은 걸 날리면서 살면 좋겠다고 꿈을 꾸는 학생 몇 명에게 한 교수가 일부 투자를 해서 만들어진 회사가 DJI입니다. 취미에서 시작했지만 지금은 세계적인 회사가 되었습니다.

인간에 대한 통찰이 우선이다

4차 산업혁명이 미래에 어떤 변화를 초래할까요? 우버 창업자인 트래비스가 처음 우버와 같은 비즈니스 모델을 생각했을 때 기술은 필요하지 않았습니다. 내가 필요할 때 차를 부르면 차가 왔으면 좋겠다는 아이디어만 있었습니다. 그리고 기술은 기술자에게 아웃소싱을 주는 겁니다. 필요할 때 차를 부르면 차가 오게 하는 어플을 만들어

달라고 요청하는 것이지요. 에어비앤비는 창업자의 방 한 칸에 에어 매트리스를 3개 놓으면서 시작되었습니다. 그렇게 해서 돈을 벌기 시작하면서 에어비앤비가 탄생한 겁니다.

앵클 바이터들은 4차 산업혁명이 이렇게 진행되어갈 것이라는 예측을 토대로 만들어진 비즈니스 모델이 아닙니다. 앵클 바이터는 생활 속에서 불편한 것을 어떻게 하면 편리하게 만들 수 있을까라는 아이디어에서 출발합니다. 생활에서 불편한 것들에 기술을 더해 비즈니스가 만들어지고 그 이후 기술의 융복합이 일어나면서 비즈니스 모델이 빠른 속도로 진화하게 되는 것입니다.

어떻습니까? 앵클 바이터와 디지털 자이언트들이 향하는 방향을 보면서 4차 산업혁명의 흐름이 어느 정도 그려지지 않습니까? 이런 시대적 추이를 지켜보면서 우리들 각자는 이제 무엇을 해야 할까요? 잘나가는 비즈니스 모델을 배우고 익히는 것에 앞서 스스로에게 부족한 것이 무엇인지를 뼈저리게 자각하는 나에 대한 성찰, 인간에 대한 깊은 통찰이 필요하지 않을까요?

최대와 최고를 자랑하는 세계의 유니콘 2

세계 최대 사무실 공유 서비스, 위워크

위워크는 2010년 뉴욕 뒷골목에서 조그마한 사무실 임대로 시작해, 창업 후 불과 5년 만에 기업 가치 169억 달러(한화 기준 약 20조 원)로 급성장을 거듭, 글로벌 데카콘에 오르며 2017년 기업 공개 시장에서 최대 유망주로 거론되는 세계 최대의 사무실 공유 서비스 회사입니다. 위워크는 현재 전 세계 13개국 34개 도시에 진출해 110여 개의 지점을 두고 있는데, 현재 글로벌 기업 등 1만 개 기업과 9만여 명이 위워크를 사용하고 있다고 합니다.

위워크는 건물을 통째로 임대하거나 몇 개 층을 임대해서 이를 다시 소기업이나 1인 창업자 등에게 재임대하는 전전세 비즈니스 모델을 구현하고 있습니다. 위워크는 부동산 임대를 원하는 기업과는 중장기 계약을 통해서 안정적인 임대 소득을 제공하고, 임대를 원하는 기업이나 개인에게는 회사 규모나 업무 성향에 맞춰 사무공간을 월 단위, 책상 1개 단위로 임대해 쓸 수 있도록 하는데, 이로써 공간 활용을 극대화해 기업의 고정비용에서 가장 큰 비중을 차지하는 부동산 비용을 해결해줍니다.

또한 위워크는 입주한 기업들이 서로 긍정적인 시너지를 발휘할 수 있도록 전용 앱을 통해 같은 건물에 입주한 회사에서부터 전 세계에서 위워크에 입주한 다국적 회사까지를 연결시켜줍니다. 이로 인해 자연스럽게 기업들이 사업 아이디어를 공유하고 네트워크도 쌓을 수 있는 커뮤니티가 형성되기 때문에 중소기업뿐만 아니라 대기업도 위워크에 입주하고 있는 것이지요.

위워크는 최근 기업 회원을 늘리기 위해 B2B 전담팀을 구성했으며, 주 수익원인 임대료 이외에도 입주 기업들을 위한 부가 서비스를 통한 새로운 수익을 창출하고 있으며, 워싱턴 D.C. 등에서는 아파트를 개조해 여러 명에게 '마이크로 아파트'를 재임대하는 '위라이브 WeLive' 사업도 시작했습니다.

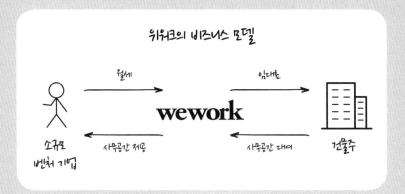

위워크의 비즈니스 모델

월세 → wework → 임대료

소규모 벤처 기업 ← 사무공간 제공 ← 사무공간 대여 ← 건물주

위워크의 창업자인 애덤 노이먼Adam Neumann은 이스라엘에서 태어나 뉴욕 시립대학을 졸업하고 2008년 무일푼으로 공간 재임대 회사인 '그린 데스크'를 설립합니다. 그 후 2010년 그린 데스크를 300만 달러에 매각하고, 그 해 2월 사업 확장을 위해 위워크를 설립해 출범한 달 후부터 흑자를 내기 시작하는데, 입주자들의 상황에 따라 다양한 방식으로 임대한다는 방식이 엄청난 호응을 얻은 것입니다.

위워크는 우리나라에도 진출해 2016년 8월 강남역 홍우빌딩에 1호점을 낸 데 이어, 2017년 2월에는 을지로 대신증권 사옥에 2호점을 냈고, 현재 삼성동에 3호점을 오픈할 예정이라고 합니다. 실로 더불어 사는 세상을 꿈꾸는 많은 사람들에게 열렬한 호응을 얻고 있는 비즈니스 모델이 아닐 수 없습니다.

세계 최대 드론 제작 업체, 디제이아이

디제이아이DJI는 전 세계 일반 상업용 드론 시장의 70%를 장악하고 있는 전 세계 1위 드론 업체로, 일반 동영상, 등산 등 취미 활동, 소물량 배달, 방송 촬영 등으로 쓰이는 드론을 주로 제작하는데, 이에 관한 관련 특허를 가장 많이 보유하고 있는 기업입니다. 전 세계 일반 상업용 드론의 표준 기술도 대부분 DJI의 개발 기술을 채택하고 있는 실정이지요.

DJI가 세계 1위 기업으로 우뚝 서게 된 성공 요인은, 뛰어난 기술력을 기반으로 한 특허 관리 덕분입니다. 전 세계 직원 6,000명 중 2,000여 명이 연구 개발 인력이며 지적재산권 관리 부서는 미국의 특허 전문 변호사, 일본의 특허 전문가 등의 다국적 인재들로 구성되어 있습니다. DJI는 2015년 매출 10억 달러(원화 기준 약 1조 2,000억 원)를 넘기며, 원화로 9조 원(80억 달러) 이상의 기업 가치로 투자를 이끌어내면서 세계 1위 기업으로 자리매김합니다.

응용 분야가 다양해지면서 전문가들은 2025년 세계 드론 시장 규모가 820억 달러(한화 기준 약 100조 원)에 이를 것으로 전망하고 있으며, 상업용 드론은 주로 사진 촬영용이 대세를 이루고, 고선명 영상 촬영 기능은 물론 점차 시각인식 기능과 음성인식 기능을 갖춘 지능형 드론으로 발전해갈 것으로 예상하고 있습니다.

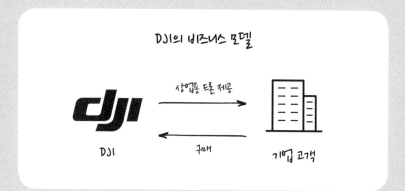

DJI의 비즈니스 모델

DJI

상업용 드론 제공 →

DJI

구매 ←

기업 고객

2016년 1월 한국 법인을 설립하고 서울 마포구 홍대입구에 해외 첫 매장을 열었으며, 8월에는 경기도 용인에 실내 드론 비행장 DJI 아레나Arena를 설립하는 등 DJI는 적극적으로 한국 시장 공략에 나서며 '1가구 1드론' 최소 1,000만 대를 판매하겠다는 의지를 밝힌 바 있습니다. 현재 퀄컴, 엔비디아, 인텔 등 칩 메이커들도 드론용 지능칩 개발로 시장 진입을 꾀하고 있으며, 드론의 주요 생산기업들은 DJI를 필두로 샤오미, 호버Hover, 유넥Yuneec, 에항Ehang, 시마 토이스Syma Toys 등 수많은 중국 기업들이 우위를 점하고 있는 실정이기는 합니다.

DJI의 창업자인 프랭크 왕Frank Wang은 홍콩 과학기술대학 전자공학과 4학년 때 헬기 제어 시스템을 설계하며 창업을 준비했으며, 26세이던 2006년 대학원생 때 소형 무인 헬기를 만들어 세계 최초로 에베레스트 횡단에 성공한 후, 친구 두 명과 선전深圳에서 일반 주택을 빌려 회사를 설립하게 됩니다. 대학원 지도교수로부터 한화 약 3억 원의 엔젤Angel 투자를 받아 오늘날 세계 최대의 드론 회사로 발전시킨 것입니다. 그야말로 불타는 모험심과 도전 정신이 이룬 쾌거라 하겠습니다.

중국 최대 음식 배달 서비스 플랫폼, 어러머

2016년 4월 알리바바 그룹으로부터 12억 5,000만 달러(한화 기준 약 1조 4,400억 원)라는 엄청난 규모의 투자를 유치해 화제가 된 중국 최대의 음식 배달 서비스 회사 어러머Ele.me는 음식점과 소비자를 연결시켜주는 배달 서비스 플랫폼으로, 음식점 주인에게 회원 가입비를 받고 랭킹 서비스를 이용할 수 있게 하는 비즈니스 모델을 채택하고 있습니다.

어러머는 2009년 상하이에서 중국 대학생들이 설립한 온라인 업체로, 우리나라의 '배달의 민족', 영국의 '저스트잇', 미국의 '그럽허브', '심리스' 등과 같은 중국 최대의 음식 배달 서비스 회사입니다.

알리바바의 온라인 음식 배달 플랫폼 '코우베이'와 합작해 텐센트의 '메이투안-디앤핑', 바이두의 '누오미'의 추격을 뿌리치고 중국 내 치열한 3파전 양상에서 계속해서 선두를 지키고 있는 어러머의 기업

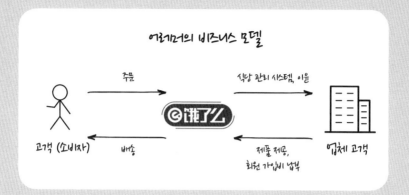

어러머의 비즈니스 모델

가치는 2016년 기준으로 45억 달러(한화 기준 약 5조 3,000억 원)로 평가받고 있으며, 주 수익원은 회원 가입비와 광고 수수료입니다. 전체 주문의 98% 이상이 모바일로 거래되고 있으며, 내부 인력으로 음식을 배달한다고 합니다.

어러머는 회사 설립 초기 높은 수수료 때문에 불만이 많았던 식당들을 위해 2010년 배달 앱의 수수료를 과감히 포기하고 자체 개발한 식당 주문 관리 솔루션인 나포스NAPOS를 점주들에게 저렴하게 배포했습니다. 나포스를 통해 고객 관리, 메뉴 관리, 주문 관리, 회계 정산 등 식당 사업에 반드시 필요한 도움을 제공하면서 연간 4,800위안(약 88만 원)의 솔루션 사용료를 받았고, 또한 정기적인 식당 방문, 솔루션 교육, 마케팅과 운영 컨설팅 제공 등으로 점주들의 돈독한 신뢰를 얻게 되면서 단기간에 중국 최대의 음식 배달 서비스 회사로 등극했습니다.

어러머는 배달 서비스의 핵심인 배송 시간 단축을 위해 자체 배송 네트워크를 구축했으며, 평균 배송 시간을 45분 내외로 일정하게 관리하는 방법을 도입해 시장 입지를 공고히 하게 됩니다.

어러머는 2008년 중국 명문 상하이 교통대학 대학원 석사 과정 동료였던 장쉬하오, 왕룬, 덩예, 강지아가 공동 창업한 회사입니다. 이들은 기숙사에서 축구 온라인 게임을 하다가 주변 식당에 주문 전화를 했지만 한 군데에서도 음식을 배달해주려 하지 않아 불편함을 느낀 데서 아이디어를 얻어 친구들끼리 중국 돈 12만 위안을 모아 음식 배달 소규모 회사를 창업합니다. '어러머'는 중국어로 '배고프냐?'라는 구어체로, 친구들끼리 하던 말을 그대로 회사명으로 사용한 것입니다.

2008년 사업 초기 당시는 지금과 같은 인터넷이나 모바일 환경이 아니었기 때문에 주문 전화가 오면 어러머 직원들이 직접 음식을 배달해주는 아날로그 방식이었으나, 학생들 사이에 입소문을 타면서 1년 만에 직원이 10여 명으로 늘어났고 2009년 온라인 주문 시스템을 만들면서 폭발적으로 성장해 2017년 현재 중국 1위의 음식 배달 서비스 기업이 된 것인데, 진정 필요가 창조를 잉태한 경우라고 할 수 있겠습니다.

착한 학자금 대출 서비스, 소파이

소파이는 대학 동문으로 투자자 커뮤니티를 구성해 학자금을 대출해 주는 P2P 대출업체입니다. 하버드와 스탠퍼드, 펜실베이니아, 노스 웨스턴 등 미국 명문 대학 재학생들을 위한 학자금 대출 비즈니스로, 불과 3년 만에 시가 총액 40억 달러(약 4조 5,000억 원)의 유니콘 기업 으로 등극하게 됩니다.

P2P 대출업체란 온라인 마켓 플레이스를 통해 대출하려는 사람 lender과 대출받으려는 사람borrower을 직접 연결해주는 금융 서비스 업 체를 말합니다. 대학생들이 복잡한 신청 절차 없이 온라인으로 단지 15분 만에 학자금 대출을 받을 수 있는 소파이는 '대학교 동문 커뮤 니티'라는 독특한 구조 덕분에 대출 서비스를 시작한 지 4년이 지났 음에도 불구하고 채무 불이행자가 단 1명도 없다고 하네요. 만약 채 무 불이행을 하게 되면 대출자가 누구인지 동문 커뮤니티를 통해 쉽 게 알 수 있기 때문에 상대적으로 대출 상환에 대한 책임감을 훨씬 더 느끼는 것이지요.

소파이는 기본적으로 대출 신청자의 학위와 신용등급을 꼼꼼히 따 지며, 취직 가능성과 해당 분야의 전문 자격증 보유 여부 등을 종합 적으로 평가한 뒤 대출을 해준다고 합니다. 연방정부가 제공하는 학 자금 대출 금리보다 낮은 이율로 대출을 받을 수 있으며, 대출자가

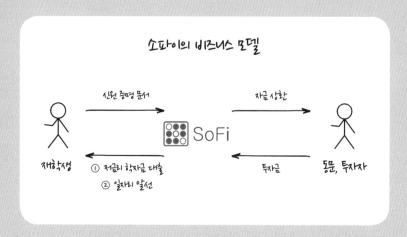

금리와 상환 기간, 상환 방법도 직접 선택할 수 있고, 자동이체를 선택하면 추가적으로 0.25%의 금리를 낮출 수도 있다고 합니다.

소파이는 대출 서비스 이외에도 대학생들을 위한 취업 멘토링 서비스를 제공하고 있습니다. 취업 준비생들을 위해 이력서나 자기소개서를 첨삭해주기도 하고, 실전 면접에 대비한 코칭도 해주며, 실직한 대출자에겐 동문 커뮤니티를 통해 직장을 알선해주기도 하고, 재취업을 할 때까지 대출 상환을 중단시키기도 합니다.

이렇듯 친절한 소파이는 스탠퍼드 MBA 동창생인 마이크 캐그니Mike Cagney, 다니엘 맥클린Daniel Macklin, 이안 브래디Ian Brady, 제임스 피니건James Finnigan이 공동으로 창업한 회사입니다. 창업을 주도한 캐그니는 캘리포니아 대학 경제학과를 졸업하고 은행에 근무하다 2000년에 자산관리 소프트웨어 회사인 피나플렉스를, 2005년에는 헤지펀드인 카베존 인베스트먼트를 창업했고 이후 스탠퍼드에서 만난 동문들과 함께 소파이를 설립합니다.

그들은 창업 초기 벤처캐피탈의 투자를 받았지만 투자 가능한 자산이 100만 달러 이상이거나 연 소득이 20만 달러 이상인 '성공한 동문'을 대상으로 '십시일반' 방식으로 자금을 마련했습니다. 총 40명의 동문으로부터 200만 달러를 조달해 재학생 100명에게 대출을 시작하면서 비즈니스를 점차 확대해나가게 되었습니다. 소파이는 2016년 말 기준 20만 명의 회원을 보유하고 있으며, 140억 달러를 조달해 120억 달러를 대출하고 있는데, 이렇듯 신선한 대출 서비스 개념은 가치 지향적인 공동체 문화의 새로운 형태라고도 하겠습니다.

PART4

4차 산업혁명과 일의 미래

4차 산업혁명의 시대. '나'는 무엇을 어떻게 해야 하는 것일까? 새로운 미래를 맞아 우리들 각자는 모름지기 변화를 두려워하지 않으며 저마다의 '창의'를 추구하는 '시티즌 디지털 사이언티스트'가 되어야 한다. 나만의 데이터를 구축하는 창의적 습관이 창의적 결과물을 낳을 것이다.

미래의 일자리는 '카피'를 타고 온다

|

카피캣 기업의 성장이 무섭다.
창의적인 모방은 더 이상 부끄럽거나 낡은 개념이 아닌
새로운 시대를 누구보다 현명하게 맞이하고 살아내는 지혜다.

손에 잡히는 4차 산업혁명

현재 많은 사람들은 하늘 높이 뜬 4차 산업혁명이라는 풍선을 신기한 듯 바라보기만 할 뿐 정작 새로운 세상을 준비하는 데 실질적으로 도움이 되는 정보를 찾기 어려운 것이 현실입니다. 이런 현실에서 4차 산업혁명 시대에 가장 중요한 관심사는 역시 새로운 고용 창출일 겁니다. 과연 어떤 기업들에게 4차 산업혁명의 고용 창출 효과를 기대할 수 있을까요? 대기업 측면에서는 4차 산업혁명을 통해 달성하

211

고자 하는 목표가 무엇일까요? 당연히 대기업들이 가장 관심을 갖는
것은 '이익 창출'입니다.

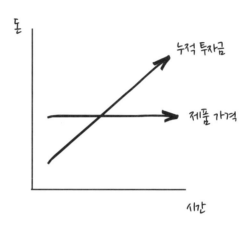

대기업이 이익을 창출하는 방식은 크게 두 가지로 나누어집니다.
부가가치가 높은 상품을 생산해 판매하는 것과 생산 원가를 줄이는
방식입니다. 삼성의 휴대전화를 예로 들어볼까요? 곧 갤럭시 8이 출
시될 예정입니다. 갤럭시 8의 출시로 삼성이 이익을 창출하려면 앞서
나왔던 모델인 갤럭시 7의 생산 원가를 감소하는 방법이 있을 겁니
다. 아니면 갤럭시 8의 가격을 인상하는 방법도 있고요. 하지만 100
만 원에 팔리던 휴대전화를 성능 향상의 이유로 200만 원에 판매한
다고 한다면 과연 소비자들이 구매할까요? 대부분의 소비자는 구매
하지 않을 겁니다. 그렇다면 가격이 100만 원으로 고정되어 있는 상

태에서 삼성이 택할 수 있는 방법은 원가를 줄이는 것뿐입니다.

원가를 줄이기 위해선 어떻게 해야 할까요? 4차 산업혁명과 관련해서 산업 고도화를 이루려고 하겠지요. 산업 고도화는 불필요한 요소들을 제거해 생산성을 향상시키는 동시에 인건비를 줄이겠다는 의미입니다. 삼성과 같은 대기업들은 대부분 공장 자동화를 통해 산업 고도화를 달성하려고 합니다.

공장 자동화의 대표적인 예는 독일에서 생겨난 스마트 팩토리 또는 스피드 팩토리입니다. 미국의 모터사이클 제조업체인 할리 데이비슨을 예로 들어보면, 할리 데이비슨은 모터사이클 1대를 만드는 데 소요되는 시간을 6시간으로 단축시켰습니다. 오늘 특정한 모터사이클을 주문하면 내일 바로 주문한 모터사이클을 받아볼 수 있다는 뜻입니다. 고객 한 사람 한 사람의 니즈에 맞춘 맞춤형 모터사이클은 가격이 높은 상품에 적용시킬 겁니다. 가격이 저렴한 보급형 상품은 대량으로 생산해서 매장에 전시해도 재고를 이용해서 판매할 수가 있겠고요. 결국 생산 시간을 6시간으로 단축한다는 것의 의미는 맞춤형 상품도 빠른 시간 안에 제작해낼 수 있다는 것에 있습니다.

아디다스도 독일의 스마트 팩토리에서 맞춤형 운동화를 제작하고 있습니다. 세계적인 육상 선수인 우사인 볼트에게는 어떤 운동화가 필요할까요? 당연히 그는 본인의 발 모양에 맞춰 달릴 때 최적화된 운동화를 착용하겠지요. 축구 선수 메시에게도 마찬가지로 맞춤형 운동화가 필요할 겁니다. 예전에는 달리다 축구화가 찢어지거나 하면 주문하고 새로 제작하는 데 24시간이 걸렸답니다. 가격도 100만 원을 호가했다고 하네요. 하지만 아디다스가 스마트 팩토리를 운영하게 되면서 맞춤형 운동화의 생산 시간이 단축되고 가격도 낮출 수 있게 되었습니다. 부가가치를 높이면서 생산 원가를 절감하는 방법을 찾은 것이지요.

끝나지 않는 고용과 실업의 제로섬 게임

그런데 공장 자동화를 통해 이익 창출의 방법을 모색하는 대기업에서 향후 인력이 많이 필요할까요? 생산성 향상이라는 명분을 달성하기 위해 기본적으로 인력을 줄이는 방향을 선택하게 될 것입니다. 공장들이 저렴한 인건비를 찾아서 중국이나 베트남 등에 공장을 세우는 것을 오프쇼어링off-shoring이라고 합니다. 반면에 공장을 미국이나 독일 등 본국으로 회귀해 건설하는 것을 리쇼어링reshoring이라고 합니다.

　최근 트럼프 미국 대통령은 자국의 고용률을 높이고 자국 경제에 활력을 불어넣기 위해 기업의 리쇼어링을 적극적으로 장려하고 있습니다. 그런데 베트남이나 중국에 있던 공장의 규모를 그대로 본국으로 가져오는 것은 불가능합니다.

아디다스 공장에서
연간 50만 켤레 신발을 만드는 데 필요한
인력 비교

600명

10명

독일의 스피드 팩토리　　　　동남아의 일반 공장

　예를 들어, 삼성전자의 휴대전화 공장이 베트남 하노이 근처에 위치하고 있는데 그곳에서 근무하는 직원이 총 3만 명가량입니다. 우리나라 입장에선 우리나라에 일자리를 창출하는 게 좋으니 삼성에게 공장을 한국으로 리쇼어링하라고 하겠지요. 하지만 우리나라에는 베트남과 같은 저렴한 인건비로 공장에서 일하고자 하는 사람들이 3만 명이나 존재하지 않을 겁니다.

　실제로 애플의 스티브 잡스가 사망하기 전에 오바마 전 미국 대통령이 스티브 잡스에게 애플 제품을 생산하는 폭스콘 공장을 미국으로 리쇼어링하라고 주문한 적이 있습니다. 오바마의 뜻대로 폭스콘 공장을 미국에 새롭게 건설하게 되면 새로운 고용 창출이 발생했겠지요. 그런데 스티브 잡스는 폭스콘의 리쇼어링 제안을 단칼에 거절했다고 합니다. 인건비 수준이 확연하게 차이가 나는데다 그만큼 많은 수의 직원을 구하기도 어렵다는 이유 때문입니다.

리쇼어링 - 해외에 나가 있는 자국 기업들을 각종 세제 혜택과
규제 완화 등을 통해 자국으로 불러들이는 정책

오프쇼어링 - 아웃소싱의 한 형태로, 기업들이 경비를 절감하기 위해
생산, 용역, 일자리 등을 해외로 내보내는 현상

하지만 트럼프 정권이 들어선 후에는 애플이 리쇼어링을 결정했습니다. 단, 공장을 완전 자동화해서 리쇼어링하기로 결정한 것이지요. 공장을 완전 자동화한다면 사람이 할 일 대부분을 기계가 도맡아서 하게 되기 때문에 고용 창출 효과는 미미할 겁니다. 대기업들은 시간이 지날수록 완전 자동화 방식을 통한 생산성의 극대화와 비용 절감 효과를 최대화할 것이기 때문에 완전 자동화 방식을 선호하기 때문에 리쇼어링을 하거나 4차 산업혁명이 도래한다고 해도 대기업에서의 고용 창출 효과를 기대하기는 어려울 것으로 예상된다는 뜻입니다.

그렇다면 4차 산업혁명에는 로봇이 필요하니 로봇 전문가와 인공지능 전문가라는 새로운 일자리가 창출되는 것 아니냐는 반문이 있을 수 있을 겁니다. 당연히 고용 창출은 발생하겠지만 이는 기존의 인력을 대체하는 고용이 될 가능성이 높습니다. 대기업들은 4차 산업혁명을 통해 생산성 혁신을 도모하기 때문에 결국 고용과 실업이 제로섬 상태가 되거나 오히려 실업이 더 증가해 전체적인 일자리 수로 보면 점점 줄어들 수밖에 없을 것입니다. 대기업도 4차 산업혁명을 통해 신규 사업을 육성하고자 하겠지만 기존의 사업 분야를 그대로 유지하면서 신규 사업을 창출하지는 않을 테니까요.

예를 하나 들어볼까요? 김밥 전문점에서 매일 김밥 100줄을 판매했다고 가정해봅시다. 그런데 메뉴를 다양화하기 위해서 라면을 새로 판매하기로 결정했고, 그렇게 해서 라면 판매에 나섰더니 하루에 판매되는 라면이 50봉지 정도가 되었어요. 그렇다면 김밥 100줄과 라면 50봉지가 팔려서 총 팔리는 개수가 150개가 되었을까요? 그렇지 않습니다. 라면을 선택하는 사람들은 김밥 대신에 라면을 선택한 겁니다. 김밥이 팔리는 개수가 50줄로 줄어든다는 뜻입니다. 결국 총량은 김밥 50줄과 라면 50봉지로 기존과 똑같이 100개라는 것이지요.

김밥집의 사례를 대기업인 삼성에 적용해볼까요? 삼성이 4차 산업혁명을 통해 신규 사업을 한다고 하면 백색가전(냉장고·에어컨·세탁기·전자레인지 등)이라든지 투자 가치가 없는 분야는 포기하고 신규 사업으로 투자를 전환할 것입니다. 최근 삼성전자가 미국의 하먼 공장 인수에 9조가 넘는 돈을 투자했습니다. 하지만 삼성전자가 하먼에 투자를 했다고 해서 한국에서 고용 창출 효과를 기대할 수 있을까요? 하먼은 세금을 미국에 냅니다. 사실상 우리나라에는 하먼에 대한 삼성의 투자가 큰 의미가 없다는 것입니다.

고용 창출의 메카, 스타트업

과거에는 국력의 척도로 GNP~Gross Nationality Product~를 사용했습니다. 아시다시피 GNP는 '국민총생산'이라는 뜻으로 우리나라 국민이 생산한 재화와 서비스의 총가치를 뜻합니다. 해외에 나가 있는 우리나라 기업의 공장에서 이윤이 발생한다면, 이는 GNP에 포함되는 것이지요. 반면, GDP~Gross Domestic Product~는 '국내총생산'이라는 뜻으로 생산한 사람이 외국인이든 우리나라 사람이든 국적에 상관없이 우리나라 영토 안에서 만들어진 재화와 서비스의 총가치를 의미합니다.

오늘날에는 나라 간 경제 교류가 활발해지면서 GNP보다 GDP의 개념을 더 중시하고 있습니다. 그 이유는 우리나라 경제에 더 많은 영향을 미치는 요인이 무엇인가에 있는데요, 외국에 진출한 우리나라 기업은 현지 외국인과 일하며, 그 나라 사람을 고용하고, 그 나라에서 소비를 하게 됩니다. 따라서 아무리 한국 기업의 해외 공장이나 해외 지사에서 돈을 많이 벌어서 GNP 지수가 높아졌다고 해도, 실제 우리나라 경제 상황에는 아무런 영향을 미치지 못하는 것입니다.

하지만 우리나라에 진출한 외국 기업은 한국 청년을 고용하고, 내수 시장에 직접적인 영향을 미치게 됩니다. 우리나라 경제에 더 많은 영향을 미치는 것은 외국에 진출한 한국 기업이 아니라 한국에 진출한 외국 기업인 것이죠. 이런 까닭에 GDP 지수를 GNP 지수보다 훨씬 더 중요하게 여기는 것입니다. GDP 지수가 올라가야 우리나라 경제가 잘 돌아가고 있다는 뜻입니다.

우리나라 대기업들이 4차 산업혁명을 구현하는 장소는 대한민국 영내일 수도 있고 해외일 수도 있습니다. 하지만 삼성의 하노이 공장을 국내로 리쇼어링한다고 해도 하노이에서와 같은 규모의 고용 창출은 발생하지 않을 것입니다. 전기차로 유명한 테슬라의 공장은 전자동화를 이뤄서 생산 공정에 인력이 전혀 필요하지 않습니다. 대기업들이 4차 산업혁명을 통해 고용 창출을 할 가능성이 낮다는 겁니다.

오히려 고용 창출 효과를 기대할 수 있는 곳은 스타트업 쪽입니다. 예를 들어볼까요? 중국의 어러머라는 음식 배달 스타트업이 있다면, 우리나라에는 배달의 민족이 있습니다. 배달의 민족은 사실상 중국의 어러머를 캐피캣한 스타트업입니다. 카피캣이란 잘나가는 제품을 그대로 모방해 만든 제품을 비하하는 용어인데요, 독일의 윔두Wimdu

는 미국의 에어비앤비를 카피캣한 것이고요. 또 사람을 상대로 하는 에어비앤비의 비즈니스 모델을 개나 고양이에게 적용하는 카피캣도 있습니다. 카피캣은 다양한 형태로 이뤄질 수 있다는 의미입니다.

우리나라 사람들은 흔히들 중국의 어러머가 배달의 민족을 카피캣 했다고 생각하지만 실상은 배달의 민족이 어러머를 카피캣한 겁니다. 어러머는 대학생들이 기숙사에서 밤에 음식을 배달하려다가 시작하게 된 기업인데, 어러머 역시 미국의 심리스Seamless나 그럽허브 Grubhub와 같은 배달과 관련된 상장 기업들의 비즈니스 모델을 토대로 만들어진 겁니다. 또 심리스와 그럽허브는 영국의 저스트잇Just Eat의 비즈니스 모델을 카피캣한 것이고요. 저스트잇은 전화로 배달 주문 을 하는 시스템으로 SNS가 발달하기 이전에 나온 기업입니다. 카피 캣은 수십 년을 걸쳐 다양한 형태로 발전할 수 있는 것이지요.

배달의 민족이라는 카피캣 기업이 생겼으니 당연히 새로운 고용 창출도 있었습니다. 배달의 민족과 같은 비즈니스 모델인 배달통, 요 기요 등에서도 고용을 창출했지요. 하지만 배달의 민족이 100개의 고용을 창출했다고 한다면 비슷한 업종에서는 실업이 발생했을 가능 성이 있기 때문에 순수하게 100개가 창출되었다고 보기는 어렵습니 다. 전체 총량을 따져야 하는데 우리나라에서는 고용에 대해서만 논 하고 실업에 대해서는 함구하는 경향이 있습니다.

콜럼버스의 달걀을 만드는 '창의적 모방'

최근 가장 각광 받고 있는 산업 중 하나인 핀테크 산업을 들여다보겠습니다. 핀테크는 금융Finance과 기술Technology를 더한 말로 금융과 IT의 융합을 통한 금융 서비스 및 산업의 변화를 의미합니다. 핀테크를 활용한 대표적인 비즈니스 모델 중 하나는 대출 중개 플랫폼입니다. 이는 은행을 통하지 않고 P2P(개인 대 개인)으로 빌리려는 사람과 빌려주는 사람을 플랫폼을 통해 직접 연결합니다. 예를 들어, A라는 사람이 100만 원이 필요하다고 한다면 A에게 100만 원을 빌려줄 사람을 온라인상에서 찾을 수 있게 해주는 겁니다.

개인 간의 금융 거래를 중개하는 비즈니스 모델의 대표 기업은 미국의 렌딩클럽Lending Club이라는 곳입니다. 렌딩클럽은 돈을 빌릴 사람과 돈을 빌려주는 사람을 연결시켜주고 은행금리보다는 높고 제2금융권보다는 낮은 금리를 제공합니다. 또한 복잡한 은행 제출 서류 없이 신용만으로 거래가 된다는 점에서 기존 은행 중심의 대물 관행에 근본적인 변화를 가져온 기업입니다. 하지만 신용으로만 거래를 하다 보니 부도율이 높다는 문제점이 있습니다. 그래서 부도율을 어떻게 하면 낮출 수 있을까를 고민하다 나온 유니콘이 앞서 살펴본 소파이입니다.

소파이는 대학 동문들이 펀드를 만들어 후배들에게 학자금을 대출해주는 기업입니다. 하버드나 스탠퍼드와 같이 세계적인 대학들의 졸업자들은 취업률이 높겠지요. 소위 말하는 명문 대학교의 학생들에게 학자금을 대출해주는 겁니다. 동문 커뮤니티에서 학자금을 대출받다 보니 갚지 않을 가능성이 낮기 때문에 부도율도 낮은 겁니다. 소파이는 개인 간 금융거래를 중개하는 비즈니스 모델을 카피캣한 것입니다. 비즈니스 모델을 카피캣함과 동시에 부도율을 낮출 방안을 고민하다 등장한 유니콘인 것이죠.

대출 심사 과정도 간단합니다. 성적표와 추천서 등을 촬영해 모바일로 전송하면 5분 내에 심사를 마치고 대출을 시행해줍니다. 취업이 잘되어야 대출금 상환도 원활하게 이루어지겠지요? 그래서 소파이는 자신들을 통해 학자금 대출을 받은 학생의 취업도 알선해줍니다. 또한 대출받은 학생이 창업을 한 경우에도 창업한 스타트업이 부도가 나면 대출 상환을 유예시켜주며 새로운 구직 활동을 돕습니다. 그렇게 소파이를 통해 학자금을 대출받았던 학생들은 후에 대출금을 갚고 더 나아가 소파이의 펀드에 투자하는 경우가 많습니다. 자신이 도움을 받았던 것처럼 후배들에게 도움을 갚는 선순환 구조의 P2P 거래가 점차 확장되어가는 겁니다.

이처럼 카피캣은 다양한 형태로 나타날 수 있습니다. 예를 들어, 좁은 지역에서 하던 배달 시스템의 비즈니스 모델을 어떻게 개선하면 넓은 지역에도 적용할 수 있을지에 대해 고민해보는 것입니다. 기존 시장에 있던 비즈니스 모델의 문제점을 발견하고 수정해 더 나은 카피캣을 탄생시킬 수 있습니다. 콜럼버스의 달걀과 같이 발상의 전환을 통해 기존의 것보다 더 나은 비즈니스 모델을 만들어내는 겁니다.

기성세대들은 성공한 스타트업의 아이템을 의아하게 생각하는 경우가 많습니다. 전혀 수익이 날 것 같지 않은데 시가 총액이 조 단위가 되는 것을 보고 의문을 갖게 됩니다. 하지만 내가 본 영화가 내 취향이 아니라고 해서 그 기준이 영화의 가치를 판단하는 절대적인 기준은 될 수 없는 것처럼 모든 것에서 편견을 버리는 태도가 중요합니다.

나만의 카피캣을 만들어라

또 다른 카피캣 스타트업인 블루 에이프런을 살펴볼까요? 블루 에이프런은 독일의 '헬로 프레시Hello Fresh'의 카피캣입니다. 헬로 프레시는 전 세계 식자재 배달 서비스의 선두 주자로 식자재와 조리법을 배달해주는 기업입니다. 블루 에이프런은 박스 안에 음식의 레시피와 함께 음식을 만들 수 있는 식자재를 배달해줍니다. 한 사람이 한 끼 먹을 분량을 배달해주는데 금액은 1만 원 정도입니다. 블루 에이프런이 성공할 수 있었던 것은 레시피를 토대로 음식을 만들고 SNS에 공유하며 즐기는 문화의 영향이 컸습니다. 또한 음식의 재료비를 아낄 수 있다는 점도 블루 에이프런의 장점입니다.

보통 1~2인분의 음식을 만드는 데 필요한 식자재가 평균 20가지 이상입니다. 하지만 일반적으로 마트에서는 1인분용 적은 양의 식자재는 잘 팔지는 않거든요. 그렇기 때문에 20가지 이상의 식자재를 필요한 양만큼 구매한다는 것은 거의 불가능합니다. 살 수 있다고 해도 엄청난 시간을 필요로 할 겁니다. 요리하는 데 두부 반 모가 필요하다고 해도 한 모만 판매하고 있기 때문에 결국 음식을 만들고 남은 것은 버리게 되는 경우가 많습니다. 블루 에이프런은 이런 문제를 해결하면서 시간도 절약하고 요리 실력도 키울 수 있다는 장점 때문에 소비자로부터 환영받고 있는 것입니다. 국내에도 식자재와 레시피만 배달해주는 비즈니스 모델을 차용한 카피캣 업체들이 많습니다.

제시카 알바의 기저귀 배달 서비스인 어니스트 컴퍼니는 어떤가요? 어니스트 컴퍼니와 같이 필요한 물건을 배달해주는 구독 서비스를 서브스크립션 비즈니스라 일컫고 있습니다. 제시카 알바의 어니스트 컴퍼니의 비즈니스 모델을 카피캣해서 면도기를 배달해주는 '달러 쉐이브 클럽'이라는 기업이 탄생했으며, '세븐스 제너레이션'이라고 하는 또 다른 기저귀 배달 서비스 업체도 등장했습니다.

카피캣 회사는 상황에 따라 수 없이 많이 등장할 수 있습니다. 우리나라의 쿠팡 등과 같은 소셜커머스도 미국 업체들의 카피캣입니다. 구독 서비스라는 비즈니스 모델뿐만 아니라 기저귀라는 아이템

자체의 카피도 가능합니다. 기존의 업체가 가지고 있는 문제점을 수정, 보완해나가는 것이지요.

예를 들어, 기존의 기저귀 배달업체가 아이의 발육과 상관없이 기저귀를 배달해준다면 발육 상태에 맞춘 기저귀를 배달해주는 업체가 등장할 수 있는 것입니다. 혹은 기존의 업체보다 가격은 저렴하면서 질은 좋은 제품을 배달하는 것, 배송 시간을 단축시킬 방안을 마련하는 것, 미국의 기저귀 배달 서비스를 한국에서 하면 어떨까 하는 고민을 담아 서비스를 시작하는 것 모두 카피캣으로 만들어질 수 있습니다. 기저귀 배달 서비스가 성공했는데 면도기를 배달해보면 어떨까, 양말 배달은 어떨까와 같이 확장시켜나갈 수 있는 것이지요.

이렇듯 창의적인 모방은 더 이상 부끄럽거나 낡은 개념이 아닌 4차 산업혁명 시대를 누구보다 현명하게 맞이하고 살아내는 지혜라 하겠습니다.

누구에게나 공평한 혁신의 시대가 온다

|

로봇의 등장으로 생산 체제의 혁신이 이루어지는 4차 산업혁명은
모두에게 기회가 될 것이고, 지속 가능한 성장이 가능해지면서
부의 재분배도 기대할 수 있게 될 것이다.

소품종 대량생산에서 다품종 소량생산으로

이번에는 4차 산업혁명이 가져오는 생산 체제의 변화를 살펴봅시다.
당연하게도 대기업들은 생산성을 극대화하는 방향으로 4차 산업혁명
을 활용하고자 합니다. 현재 대기업들은 소품종 대량생산 체제로 규
모의 경제를 추구하고 있습니다. 하지만 소품종 대량생산으로 규모의
경제를 추구하기 어려운 분야들에서는 어떻게 하고 있을까요? 세계
에서 가장 큰 화장품 회사인 로레알을 예로 들어보겠습니다.

로레알은 자사의 기초 화장품은 자체적으로 생산하고 있습니다. 기초 화장품은 자동화가 용이하고 가격도 높게 책정되어 있는데다 제품의 주기도 길기 때문입니다. 하지만 색조 화장품은 제품의 주기가 상대적으로 짧습니다. 계절에 맞춘 색상이나 질감을 고려해 빠르고 다양하게 제품이 생산되어야 하기 때문입니다. 그래서 로레알은 색조 화장품을 아웃소싱을 줍니다. 우리나라의 코스멕스라는 회사가 로레알의 아웃소싱을 받아서 색조 화장품을 많이 생산하고 있습니다.

그런데 로레알은 자동화율이 80%이고 코스멕스는 자동화율이 20%밖에 되지 않습니다. 자동화율이 높은 로레알이 낮은 코스멕스에게 주문을 하는 겁니다. 자동화가 불가능하고 부가가치가 낮은 상품을 주문하는 것이지요. 로레알은 영양크림이나 스킨, 로션과 같은 제품의 생산 공정은 인력이 필요하지 않은 자동 설비 시스템을 갖춰놓고, 사용 기간이 2주에서 1개월 정도로 짧으며 수작업 공정이 필요한 제품들은 코스멕스에 생산을 요청한다는 것입니다. 이렇듯 대기업들은 대부분 소품종 대량생산으로 규모의 경제를 추구하면서 생산성을 극대화하기 위해서 공장 자동화를 추구하거나 인건비가 저렴한 동남아 같은 곳에 공장을 세우고 있습니다.

하지만 4차 산업혁명이 도래하면 대기업의 생산 시스템이 소품종 대량생산에서 다품종 소량생산으로 변화할 것이라고 말한 바 있습니다. 규모의 경제를 추구하기보다 고객들이 원하는 다양한 상품, 온디맨드

on-demand의 고객 맞춤형 상품의 생산에 초점이 맞춰지는 것이지요.

로봇의 등장이 가져온 생산 체제의 혁신

미국의 모터사이클 회사인 할리 데이비슨은 지난 2009년 이후 기존에 각 공장별로 1개의 모델만 생산하던 것에서 모든 공장이 맞춤형 제품을 포함한 여러 모델을 생산하는 시스템으로 바뀌었습니다. 공장 내 모든 기기들을 연결했고, 제조 시간부터 사소한 것까지도 모두 기록하고 측정해 분석했습니다. 그 결과, 제조 과정은 기존 21일에서 6시간으로 크게 단축되었고 생산 비용은 100억 원 이상 절감되었습니다. 오토바이의 생산 종류는 1,200가지로 다양해졌고, 수요 조사를 통해 평균 재고 기간도 최대 10일에서 3시간으로 줄여 사실상 생산 즉시 배송하는 시스템으로 완전히 변화했습니다. 이와 함께 전자 상거래 통합 기능을 통해 웹사이트에서 고객의 구매와 동시에 주문을 등록하고, 맞춤형 오토바이를 생산하는 등 서비스의 품질도 높였습니다.

이렇게 혁신적인 생산 시스템 정비로 6시간 만에 맞춤형 모터사이클을 제작할 수 있게 되었는데, 공장은 중국에 있고 고객은 미국 현지에 있어서 배송하는 데에만 한 달이 걸린다면, 과연 제작 시간 단축이 의미 있을까요? 상식적으로 생각해봐도 이런 혁신을 이뤄야 할 아무런 이유가 없을 것입니다.

아디다스도 맞춤형 운동화를 24시간이면 제작할 수 있다고 했는데 24시간 만에 만든 운동화를 배를 통해 운송해 한 달이 넘게 걸려 배달이 가능하다면 어떨까요? 마찬가지입니다. 그래서 맞춤형 소비가 활발히 일어나는 요즘엔 소비가 이뤄지는 지역에서 생산을 겸하는 것이 더욱 효과적입니다. 현재 다품종 소량 생산을 하는 기업들은 소비지에 생산을 겸하는 일들이 많이 있습니다. 그래서 이제는 생산은 중국에서 하고 원료는 다른 국가에서 구하고 소비는 또 다른 국가에서 이뤄지는 글로벌 확산 전략이 무의미합니다. 해외에 진출한 공장들을 다시 미국으로 들여오자는 트럼프의 리쇼어링 주장이 실현 가능한 겁니다.

미국의 시장 규모도 충분한데다 공장 자동화를 통해 인력이 크게 필요하지 않으니 미국 현지에서의 생산이 가능한 것이지요. 특히 최근의 경우를 보면 브라질에서의 생산 단가가 독일에서의 생산 단가와 비슷해졌다고 합니다. 인건비는 독일에 비해 브라질이 낮지만 파업이 발생하는 컨추리 리스크country rick(국가별 위험도)에 따른 비용이나 물류 비용 등을 고려하면 독일에서 공장을 세워 제품을 생산하는 것이 브라질에서의 제품 생산과 차이가 없다는 것입니다.

2018년이 되면 같은 이유로 중국 생산과 미국 생산의 단가도 같아

질 것이라는 전망이 있습니다. 중국의 인건비는 상승하지만 생산성
은 하락하고 파업 등에 대한 위험부담도 커지기 때문입니다. 하지만
미국에 공장을 세우면 자동화된 로봇들이 인간을 대신해 일을 처리
하면서 비용 절감이 가능해지기 때문에 중국 생산 단가와 미국 생산
단가가 비슷해진다는 이야기입니다. 그래서 4차 산업혁명 이후에는
저임금 국가에서 대량생산하는 체제가 점차 사라질 가능성이 높습
니다.

4차 산업혁명이야말로 진정한 경제성장

미국의 유명 강연 프로그램인 TED의 강의 중에 4차 산업혁명과 관
련해 프랑스의 전문가, 올리비에 스칼라브레Olivier Scalabre 2016년 5월
강의가 있습니다. 올리비에는 지난 50년간 경제성장률이 계속해서
하향 곡선을 그려왔기 때문에 이 추세가 계속된다면 향후 10년간도
경제성장이 없을 것이라고 전망합니다. 경제가 성장하지 않으면 이
익을 추구하기 위해 더 많은 투쟁이 발생할 것이기 때문에 경제성장
이 중요하다는 것이지요. 그녀는 4차 산업혁명의 변혁이 제조업에서
부터 일어나고 있다고 주장합니다. 그리고 이미 4차 산업혁명은 현
재 진행형이라고 주장하지요.

물론 과거에도 제조업에 대한 변화는 있었습니다. 일례가 공장을 후진국의 해안가로 옮긴 것입니다. 운송비와 인건비를 절감하기 위한 대책이었지만 일시적인 비용 절감 효과밖에 얻지 못했습니다. 값싼 노동력이 오래 유지되지 않기 때문이지요. 이후 공장 규모를 키워 한 가지 제품을 대량 생산하게 되었습니다. 이 역시 한동안은 성과가 있었지만 오래지 않아 공급망이 경직되기 시작되었습니다. 이런 체계는 한계에 다다랐습니다.

제조업자들의 관심은 기술 분야로 옮겨지게 되었죠. 인터넷과 같은 기술이 등장해 생활에 다양한 변화를 초래했지만 생산성에는 큰 영향을 미치지 못했습니다. 오히려 생산성은 실제로 감소하기까지 했습니다. 그렇다면 이 두 가지 역량이 융합되면 어떨까요?

현존하는 산업 시스템에 기술 혁신이 더해지면서 제조업에서도 큰 변화의 물결이 일고 있습니다. 주요 기술들은 산업 현장에서 실제로 적용되고 있습니다. 이로써 3차 산업혁명 때보다 생산성을 훨씬 더 높일 수 있을 것입니다. 예를 들어볼까요? 사람과 같은 크기의 미래형 산업 로봇이 실제로 사람과 협업하는 모습을 TV로 보신 적이 있을 겁니다.

오늘날 공장에서의 자동화 비율은 단 8%에 불과합니다. 주로 덜 복잡하고 반복적인 일에 주로 사용되고 있습니다. 하지만 공장 자동화 비율은 10년 내에 25% 이상 상승할 것입니다. 4차 산업혁명이 본격화되면 2025년까지 미래형 로봇이 작업자를 도와 협업하면서 생산성은 20% 가까이 향상되 경제성장률은 20%를 달성하게 될 것입니다. 먼 미래의 일이 아닙니다. 아마존은 이미 2016년 사이버 먼데이 Cyber Monday(미국에서 추수감사절 연휴 이후의 첫 월요일을 말하며, 온라인 쇼핑 업체들이 집중적으로 할인 행사를 벌인다) 기간의 상품 준비와 배송에 로봇을 활용했습니다. 미국 역사상 가장 많은 온라인 쇼핑이 이루어진 날이었고 그날 소비자들은 전자제품 구매에만 30억 달러를 쏟아부었습니다. 진정한 경제성장이었지요.

또 3D 프린팅은 플라스틱 제품의 생산성을 개선시키고 있습니다. 적용 가능한 물질의 범위는 현재 금속까지 확대되었는데, 이 두 물질이 사용되는 제품이 전 세계 제품의 25%를 차지하고 있습니다. 우주 산업 분야를 예로 들어볼까요? 로켓의 연료 분사 노즐은 만들기 가장 어려운 부품 중 하나인데, 이 노즐은 서로 다른 20개 부품으로 이루어져 있습니다. 최근의 우주 산업 업체들은 이 모든 부품을 3D 프린터 한 대로 만들어냅니다. 그 결과 생산성이 40% 증가했고, 이 분야에서의 경제성장률도 40%가 상승했습니다.

기회 보장, 지속 성장이 가능한 시대

4차 산업혁명은 생산성 향상뿐만 아니라 더 나은 제품을 만들 수 있다는 혁신도 가져왔습니다. 주문 제작이 가능하다는 것입니다. 상상한 그대로의 제품을 만들 수 있게 된 것이죠. 성능도 디자인도 원하는 대로 주문이 가능합니다. 심지어 제품을 대량생산할 때와 같은 비용으로 맞춤 상품 제작이 가능합니다. 어떤 디자인을 요구해도 3D 프린터로 바로 제작이 가능합니다. 고객이 원하는 단 하나의 제품을 단일 공정으로 생산할 수 있습니다. 여러 공정을 거칠 때와 같은 시간, 비용으로 말이지요.

이뿐 아니라 앞으로는 생산 공정이 보다 유연해지기 때문에 확일화된 노동을 강요하는 형식의 공장은 사라질 것입니다. 시간이 지날수록 공장 규모는 의미가 없어지고, 맞춤 제작을 통해서도 충분히 비용을 절감하고 생산성을 높일 수 있는 시스템으로 변해갈 것입니다. 그렇게 되면 자연스럽게 해외로 나갔던 공장들이 본국으로 돌아와서 제조할 만한 충분한 여건이 조성될 것이고요. 동서 무역의 물류는 지역 내로 전환될 것입니다.

과거의 산업 형태는 완전히 비정상에 가까웠습니다. 막대한 양의 재고를 감당하지 못했고, 제품을 전 세계로 운반해야 겨우 소비자에게 도달할 수 있었습니다. 하지만 새로운 산업 형태는 훨씬 정교화되고 자동화된 환경을 갖추면서도 소비 시장의 바로 옆에서 이루어질 것입니다. 이렇듯 경제가 성숙하면 산업도 본 모습을 찾게 될 텐데, 더 많은 고용과 높은 생산성을 달성하게 되겠지요.

하지만 성장이 저절로 이뤄지지는 않습니다. 성숙한 경제만이 성장을 움켜쥘 수 있습니다. 따라서 노동자들을 완전히 재교육해야 합니다. 신흥 경제 국가들도 더 이상 세계의 공장으로 남을 수는 없습니다. 2016년 브라질에서의 생산 비용은 이미 프랑스 수준까지 도달했습니다. 새로운 산업혁명으로 신흥 경제 국가들의 변화가 가속화되고 내수 소비가 주도하는 형태로 바뀌는 것이 바람직합니다.

4차 산업혁명은 모두에게 기회이자 지속 가능한 성장 동력이 될 것이며, 이로써 부의 재분배도 다시 이루어질 수 있을 것입니다.

비관과 낙관이 공존하는 미래의 노동시장

|

4차 산업혁명 시대 노동시장 전망에서는 비관과 낙관이 공존하고
있는 것이 현실이다. 이런 때 낡고 어두운 비관의 손을 잡기보다는
가능한 힘차게 낙관의 어깨를 끌어안는 것이 낫지 않을까?

인간이 필요 없는 기계의 시대?

4차 산업혁명 시대를 맞아 사실상 무엇보다 우리의 관심을 집중시키
는 문제는 '일자리'입니다. 과연 새로운 미래에도 지금의 내 '일'이 살
아남을 수 있을 것인지, 아니면 미래 직업 환경에 맞는 새로운 기술
을 준비하고 획득해야 하는지 말입니다. 이건 연령대를 구분하지 않
는 생존의 문제이지요.

《제2의 기계 시대》라는 책에서 4차 산업혁명 기술이 제2의 기계 시

대를 열고 이로써 인간과 기계의 공생이 시작된다고 전망한 에릭 브린욜프슨Erik Brynjofsson와 앤드루 맥아피Andrew McAfee 메사추세츠 공과대학 연구진들은 2011년부터 정보지능 기술에 의한 고용 감소 문제를 제기한 바 있습니다. 그를 비롯하여 정보지능 기술이 일자리에 미치는 부정적 영향을 강조하는 학자들은 해당 기술이 제조업과 서비스업 모두에서 인간 노동력을 대체하는 양상이 심각해질 것이라고 보았는데요, 정보지능 기술은 초기의 정보통신 기술의 진보와는 다른 특성을 보이며 당분간 일자리와 소득 양극화 현상을 더욱 심화시킬 것이라고 주장한 것입니다.

그리하여 이들 학자들은 4차 산업혁명이 일자리에 미치는 영향에 대해서는 기술적 효율성에 주목하여 변화의 속도가 상당기간 제어 불가능한 상태로 지속될 수 있다는 견해를 제시했습니다. 《유엔미래보고서 2050》이나 독일 베텔스만 재단의 '2050 노동의 미래' 보고서도 기술 혁신이 인간의 일과 직업세계에 암울한 영향을 미칠 것이라고 예측한 바 있습니다.

이들은 현재 약 6%에 이르는 전 세계 평균 실업률이 2020년 11%로 증가하고, 그 이후로도 지속적으로 높아져 2050년이면 24%에 이를 것이라고 전망했는데, 일부 전문가들의 경우 2050년 실업률이 최대 50%까지 증가할 것으로 전망하기도 했습니다. 실로 놀라운 수치가 아닐 수 없습니다.

전문가들의 전망을 뒷받침하는 하나의 예로, 아디다스는 최근 본사 소재지인 독일 남부 바이에른 주에 스마트 공장을 설립했는데, 이곳에서 만들어지는 운동화는 모두 로봇이 생산한다고 합니다. 양산체제, 즉 적정 수준의 공장 대형화 시스템을 구축해 24시간 가동이 가능할 뿐 아니라 시장의 모드나 패션 변화에도 재빠른 대응이 가능해진 것입니다.

애플 제품의 조립을 전담하며 세계 500대 기업으로 급성장했으나 비인간적인 작업 환경으로 비난을 샀던 대만의 폭스콘의 최근 움직임도 주목할 만합니다. 최근 중국 쑤저우에 위치한 쿤산 지역 공장의 인력을 11만 명에서 5만 명까지 무려 6만 명을 감원하겠다고 발표했는데요, 이런 다운사이징의 직접적인 이유는 생산 물량이 줄어서가 아닙니다. 오히려 폭스콘은 점차 생산 분야를 다양화하고 물량을 확대할 계획이라고 발표했습니다. 그러니까 노동력 감원의 목표는 로봇 생산 체제를 갖춘 스마트 공장을 도입하려는 것이지요. 이렇듯 스마트 공장의 확대가 인간의 쓸모를 침해하고 있는 것입니다.

정보지능 기술은 새로운 일자리를 창출한다

그런데 모든 일을 전망하는 데는 비관과 낙관이 동시에 존재하기 마련입니다. 세상에는 결코 100% 비관과 100% 낙관이란 존재하지 않는 것이지요. 2015년 매킨지 컨설팅 그룹McKinsey Quarterly은 각종 직업을 대상으로 한 직무 분석 결과 정보지능 기술에 의한 일자리 대체 가능성이 미미할 것으로 진단한 바 있습니다. 세계적인 기업들이 스마트 공장을 도입해서 일자리가 줄어들 것이라는 전망과는 상반된 진단인데요, 매킨지에 따르면 정보지능 기술이 완전히 대체할 수 있는 직업은 5%에 불과하며, 컴퓨터와 로봇이 도움을 주어 생산성을 향상시킬 수 있는 직업을 95%, 그 가운데 50%는 아직 컴퓨터나 로봇이 속수무책인 영역입니다. 아울러 매킨지는 45%의 영역은 자동화가 가능하긴 하지만 전면적 자동화가 어려운 영역으로 진단한 바 있습니다.

　이렇듯 대립하는 견해 가운데 어떤 전망이 현실화 가능성이 높을까요? 현재로서는 예측이 쉽지 않습니다. 하지만 과거 산업화 시대와 달리 정보지능 기술에 의한 일자리의 대체 속도와 그 가능성이 매우 크다는 전망에 이견을 다는 사람은 많지 않습니다. 요컨대 기술의 일자리 대체만큼 새로운 일자리가 생겨나지 않는 이상 노동시장 내 일자리 경쟁은 지속될 가능성이 높은 것이지요.

　특히 전통적 제조업 강국인 독일이 인구구조 변화와 정보지능 기술 발달에 따른 시장 변화에 대응하기 위해 '인더스트리 4.0'을 적극적으로 활용하고 있는 사례는 중요한 함의를 갖는다고 하겠습니다. 인더스트리 4.0이란 독일 정부가 추진하고 있는 제조업 성장 전략으로서,

제조업 분야에서 완전한 자동생산 체계를 구축하고 전체 생산과정을 최적화하는 산업 정책을 일컫는데, 독일은 2010년부터 이 정책을 적극적으로 추진하고 있습니다.

확실히 정보지능 기술은 인간보다는 기계를 원하는 것이 맞습니다. 하지만 우리는 그 이면의 진실 또한 살펴야 합니다. 일자리를 중심으로 4차 산업혁명이 바꿔놓는 사회의 모습을 직시해야 합니다. 어떤 변화가 있나요? 이를 해방적 측면에서 본다면, 근로 형태 및 근로 계약 방식이 변화함으로써 우리는 노동시간의 구속, 장소적 구속으로부터 해방됩니다. 생산량의 물리적 한계로부터 해방되고 산업재해 및 직업병 등에서 자유로워질 수 있습니다. 그리고 아주 중요한 사실로서 생산보다는 분배의 가치가 증가하게 될 것입니다.

정보지능 기술은 기존의 일자리를 없애기도 하지만 분명 우리가 이전에는 상상할 수 없었던 새로운 일자리를 만들어내기도 하는 것입니다. 낙관의 측면에서 본다면 가능성의 무한 확장 시대가 열리는 것이지요.

비관보다는 낙관의 어깨를 끌어안아야

제레미 리프킨은 한계비용(재화나 서비스 한 단위를 추가로 생산할 때 필요한 총비용의 증가분)이 '0'이 되는 한계비용 제로 사회가 되면 새로운 경제 시스템, 즉 협력적 공유 사회Collaborative Commons가 인간 사회에 등장할 것이라 전망했습니다. 공유경제는 단 한 차례도 자신을 공급자로 생각해본 적 없는 사람들이 자신의 소유물과 가치, 즉 자동차의 빈자리, 집에 남는 방, 소매업자와 제조업자 간의 상업적 거래 중개자, 배달이나 집수리 또는 행정 업무 처리를 해줄 수 있는 시간과 기술 등을 효율적으로 사용하도록 하고 있습니다.

생각해보세요. 세계에서 가장 큰 택시 기업인 우버는 소유하고 있는 자동차가 없으며, 세계에서 가장 많이 활용되는 미디어인 페이스북은 콘텐츠를 생산하지 않습니다. 그리고 세계에서 가장 가치 있는 소매업체인 알리바바는 물품 목록이 없으며, 세계에서 가장 큰 숙박제공업체인 에어비앤비는 소유한 부동산이 없습니다. 디지털 플랫폼은 개인이나 조직이 자산을 활용해 거래를 하거나 서비스를 제공할 때 발생하던 거래 비용과 마찰 비용을 대폭 감소시킨 것입니다.

시간과 공간 제약으로부터의 해방은 제품과 서비스의 무한 공급을 가능하게 합니다. 이렇듯 재화의 무한 공급이 가능해짐으로써 한계비용은 0으로 수렴될 가능성이 높습니다. 이로써 근로계약의 방식, 구체적인 근로 과정과 방식, 상품시장과 노동시장의 연계 방식, 노사관계 등 기존의 고용 관계 전반에서 전면적 변화가 불가피한 것이 지금 노동시장의 현실입니다.

그러므로 우리는 현재 우리 눈앞에서 일어나고 있는 변화의 물결을 똑바로 바라보고 그 변화의 방향을 예의주시하면서 정확한 우리의 포지션을 가져야 합니다. 우리를 들뜨게 하는 희망의 바람을 빼는 낡고 어두운 비관의 손을 잡기보다는 가능한 힘차게 낙관의 어깨를 끌어안고 4차 산업혁명이라는 새로운 변화의 흐름을 맞이해야 하는 것입니다.

4차 산업혁명 시대, 최적의 마케팅은?

|

마케팅의 고전이라 할 하이테크 마케팅과 소비자 마케팅 모두
개인 맞춤형 상품이 등장하는 4차 산업혁명 시대에는 의미가 없어질 것이다.
이제 마케팅도 이전과는 확실히 달라야 하는 것이다.

기업이 피해야 할 구렁텅이, 캐즘

4차 산업혁명 시대에 대비하는 기업의 마케팅 전략에 대해 한번 살펴
보겠습니다. 스탠퍼드 대학교에서 강의 중인 제프리 무어Geoffrey Moore
교수는 저서 《크로싱 더 캐즘Crossing the Chasm》에서 제품이 나왔을 때 받
아들이는 속도를 기준으로 소비자를 5단계로 분류한 바 있습니다.

먼저 이노베이터Innovator 그룹입니다. 이 그룹은 제품이 출시되기도
전에 주문해서 구매하는 사람들을 의미합니다. 나이키에서 운동화를

한정판으로 100개 출시한다고 하면 며칠간 줄 서서 구매하는 사람들이 이에 해당하지요. 제품을 보기도 전에 선주문하는 사람들입니다. 이런 사람들을 이노베이터 그룹이라고 부릅니다. 이노베이터 그룹은 제품 출시 이전에 주문하기 때문에 상당한 위험부담을 감수하고 제품을 구매하게 됩니다. 제품이 자신의 기대를 충족하지 못해도 실망하지 않습니다. 이노베이터라는 것 자체를 즐기기 때문에 위험을 부담하고서라도 물건을 구매하기 때문이지요.

다음은 얼리 어답터early adaptor 그룹입니다. 이 그룹은 제품이 출시되자마자 빠르게 제품을 구매하는 사람들입니다. 이노베이터 그룹과 얼리 어답터, 이 두 그룹은 가격에 대해 민감하게 반응하지 않습니다. 시간이 지나면 제품의 가격이 하락할 것을 예상하면서도 누구보다 먼저 제품을 구입하고 써보기를 즐기는 것이지요.

얼리 어답터 이후에 나오는 그룹은 얼리 머저리티early majority 그룹입니다. 얼리 머저리티는 '초기 대중들'이라는 뜻입니다. 그런데 여기서 '캐즘Chasm'이라는 구렁텅이가 발생합니다. 제품의 구매 그룹이 얼리 어답터에서 얼리 머저리티를 비롯한 다른 그룹들로 퍼져나가지 못하고 빠져버리는 것인데요, 이는 얼리 어답터들이 물건을 구매한 뒤에 부정적인 평가를 하게 되면 대중들이 이를 보고 물건을 구매하지 않기 때문입니다.

이노베이터와 얼리 어답터의 수는 적고 가격 민감도도 없기 때문

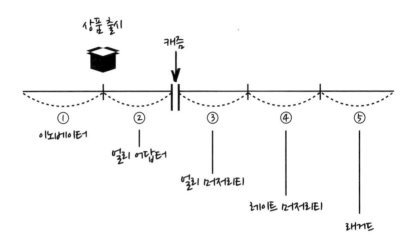

제품 구입 속도에 따른
5가지 소비자 단계

상품 출시

캐즘

① 이노베이터

② 얼리 어답터

③ 얼리 머저리티

④ 레이트 머저리티

⑤ 래거드

에 이 둘을 뛰어넘었을 때 제품이 성공했다고 볼 수 있습니다. 물건 출시 첫날 이노베이터 그룹과 얼리 어답터 그룹의 1만 명이 제품을 구매하고, 둘째 날 2만 명이 구매했다고 해서, 셋째 날 4만 명이 와서 물건을 구매할 것이라고 예측할 수는 없다는 것입니다.

더 이상 구렁텅이는 없다

제프리 무어 교수는 90%의 하이테크 제품이 이 캐즘에 빠진다고 분석했습니다. 얼리 어답터에서 얼리 머저리티로 나아가지 못한다는 것이죠. 반대로 성공한 기업들은 캐즘을 넘어섰다는 의미입니다.

100명을 전체로 본다면 그중 1명이 이노베이터 그룹으로 물건을 구매하고, 2명 정도가 얼리 어답터로, 그 뒤에 50명 정도가 얼리 머저리티 그룹으로 분류됩니다. 얼리 머저리티의 구매 행위가 일어나면, 대세가 된 이후에 제품을 구매하는 그룹인 레이트 머저리티late majority 그룹이 그 뒤를 따릅니다. 나머지의 대다수 정도가 레이트 머저리티에 해당하는 것인데, 예를 들어, 어떤 영화가 흥행한 뒤에 누군가 "너 아직도 그 영화 안 봤어?"라고 물으면 그때서야 영화를 관람하는 사람들이 해당하겠지요.

하지만 아무리 그 영화가 흥행했다고 해도 절대 그 영화를 보지 않는 사람들이 있지 않습니까? 전혀 관심을 보이지 않는 사람들은 래거드laggard 그룹, 즉 느림보라고 표현합니다. 스마트폰도 마찬가지입니다. 지금도 스마트폰을 쓰지 않는 사람들이 꽤 많죠? 이들은 스마트폰이 어떤 건지 모를 수도 있습니다.

사실상 대량생산 시대에는 다른 사람들이 이 물건을 사니까 나도 사야겠다, 대화에서 밀리지 않으려면 나도 그 제품을 사야겠다고 생각하게 될 가능성이 높습니다. 남들이 사니까 나도 그것을 필수$_{must}$ $_{have}$ 제품이라고 생각해서 구매를 하는 것이지요. 다들 테슬라 S를 타니까 나도 언젠가 그 차를 구매할 것이라고 생각하는 겁니다.

하지만 4차 산업혁명이 도래하면 내가 원하는 맞춤형 제품을 구매할 수 있게 됩니다. 머지않은 미래에는 '너는 테슬라 S를 사지만 나는 주문 제작을 통해 새로운 테슬라 S를 사겠다' 하는 일이 왕왕 일어나게 될 것입니다.

지금까지는 제프리 무어의 강의가 하이테크 마케팅의 정석이었습니다. 하지만 4차 산업혁명이 실질적으로 도래하면 제프리 무어의 개념은 파괴될 것입니다. 제프리 무어의 기본 이론은 소비자 그룹이 제품의 구매 시기에 이노베이터나 얼리 어답터까지 가다가 중간에 캐즘이라는 구렁텅이에 빠지게 돼 멸망하는 기업들이 많다는 겁니다. 그러니 그 캐즘을 조심해야 한다는 게 핵심인데, 4차 산업혁명에서는 제품 구매를 선도하는 이노베이터, 얼리 어답터라는 개념은 사라지고 누구든지 자신이 원하는 제품을 원하는 시기에 살 수 있게 될 것입니다.

소품종 대량생산 시대에는 사람의 구매 시기에 따라 성향을 구별할 수 있었지만 다품종 소량생산 시대에는 구매 시기 자체가 의미가 없어지게 된다는 뜻입니다.

소비 성향에 따른 5가지 고객 구분

또 다른 마케팅 이론으로는 하버드 MBA의 문영미 교수가 주장하는 소비 성향에 따른 고객의 분류인데요. 문영미 교수는 그의 저서 《디퍼런트》에서 소비 성향에 따라 고객을 카테고리 전문가, 기회주의자, 실용주의자, 냉소주의자, 브랜드 로열리스트 등 5가지로 분류했습니다.

브랜드 로열리스트는 브랜드에 대한 충성도가 매우 높은 고객입니다. 무조건 한 가지 브랜드만 고집하는 고객들이지요. 삼성 제품을 사던 사람은 계속 삼성만 고집하고, 누군가는 애플만, 누군가는 루이비통만 사는 고객들입니다. 다른 비교대상에는 관심이 없는 사람들을 브랜드 로열리스트라고 부릅니다.

5가지 소비자 유형

- 카테고리 전문가 – 카테고리에 대한 강한 애정과 전문적인 지식
- 기회주의자 – 전문 지식은 있으나 높지 않은 열정
- 실용주의자 – 브랜드/제품에 관심을 두지 않는 사람들
- 냉소주의자 – 브랜드/제품에 관심을 두지 않는 사람들
- 브랜드 로열리스트 – 특정 브랜드에 대한 강한 애착

냉소주의자는 브랜드나 물건 자체에 관심이 없는 사람들을 의미합니다. 예를 들어, 가방이 다 거기서 거기지 뭐, 샤넬이든 루이비통이든 차이가 있나라고 생각하거나 아예 가방 자체를 들고 다니지 않는 사람들을 냉소주의자라 일컫습니다.

또한 카테고리 전문가는 특정 제품에 대해 전문가 정도의 지식을 가지고 있는 사람들을 말합니다. 만약 스마트폰이라는 카테고리의 전문가라면 애플과 삼성의 스마트폰은 어떤 차이가 있는지, 어떤 사양을 가지고 있는지에 대해 완벽히 파악하고 있습니다. 두 종류의 스마트폰을 완벽하게 비교해서 선택하고 구매하는 사람들입니다.

그리고 기회주의자는 카테고리 전문가만큼은 아니지만 제품에 대한 상당한 지식을 보유하고 있으면서 자신에게 더 합리적이라고 생각하는 사람들을 의미합니다. A를 사려고 했는데 이번에 B가 사은품을 더 준다든지 하면 마음을 바꿔 실속을 차리는 선택을 하는 소비자들입니다. 구매 시에 유리한 쪽을 찾아다니며 구매를 하는 것이지요.

반면 실용주의자는 약간의 정보는 알고 있으나 크게 고려하지 않는 사람을 의미하는데요, 예를 들어 집 앞에 A은행이 있고 길 건너에 B은행이 있다고 가정해봅시다. 길 건너의 B은행이 금리를 좀 더 높게 쳐줘도 귀찮으니 굳이 길을 건너가지 않고 집 앞의 A은행을 이용하는 사람들입니다.

분류형에서 맞춤형으로 진화하는 소비자

이 5가지 소비자들 가운데 가장 많은 비율을 차지하는 그룹은 어디일까요? 바로 기회주의자와 실용주의자입니다. 역설적이게도 최근 가장 급격하게 감소하고 있는 소비자 그룹은 브랜드 로열리스트라고 합니다. 명품의 소비가 줄어들고 있다는 점이 브랜드 로열리스트가 감소하고 있다는 것의 반증이라 하겠습니다.

하지만 카테고리 전문가나 냉소주의자는 언제나 조금씩 있을 것으로 보입니다. 어찌되었든 대부분의 소비자는 기회주의자와 실용주의자인데, 4차 산업혁명이 본격화되면 이런 분류도 의미가 없어질 것으로 전망됩니다. 4차 산업혁명이 도래하면 빅데이터를 통해 큐레이션 서비스, 나에게 맞춤으로 추천해주는 서비스가 등장하게 된다고 했는데, 이것은 굳이 내가 카테고리 전문가가 될 필요가 없다는 뜻입니다. A라는 사람의 정보를 모아 가장 적합한 것을 추천해줄 것이기 때문에 소비자들을 구별할 필요가 없어지는 것이죠.

사실상 4차 산업혁명이 도래하면 제프리 무어의 하이테크 마케팅과 문영미 교수의 소비자 마케팅 모두 의미가 없어질 수 있습니다. 제조업의 생산 체계가 다품종 소량 생산으로 가면 스마트폰 종류도 무궁무진해질 수 있습니다. 몇몇 선도 기업이 스마트 팩토리로 고객 맞춤 생산을 시작했기 때문에 앞으로 점차 더 많은 제조업체가 산업을 가리지 않고 고객에게 맞춤화된 제품을 생산해낼 것입니다. 이제는 상품 구매 시기나 성향에 따라 고객들을 분류하는 것이 무의미해지는 것이죠.

이제 기존의 마케팅 전략이 아닌 소비자 한 사람 한 사람을 겨냥해서 인간의 기본적인 욕구를 최대한 만족시키는 새로운 가치 전략적 마케팅이 이루어져야 할 때가 아닌가 싶습니다.

상식으로 무장한 '온리 원'이 되라

l

무엇이든 잘하는 베스트 프랙티스는 결국 어느 것 하나도
제대로 잘하지 못하는 오리와 같다. 단점을 보완하기보다
나만의 장점을 키워 '온리 원'으로 승부하라.

우리의 목표는 '시티즌 데이터 사이언티스트'

얼마 전, 4차 산업혁명 시대에 가장 인기 있을 것으로 예측되는 신직
종으로 '데이터 사이언티스트'가 꼽혔습니다. 데이터 사이언티스트data
scientist는 4차 산업혁명과 관련된 모든 분야에 전문적인 지식을 갖춘
사람으로, 한마디로 슈퍼맨이라고 할 수 있습니다. 인공지능부터 데
이터 처리 방식, 알고리즘 설계, 비즈니스 모델 분석 등 모든 분야에
통달한 사람을 말합니다. 하지만 모든 사람이 데이터 사이언티스트

가 되는 것은 사실상 불가능하다고 여겨집니다. 그래서 우리는 '시티즌 데이터 사이언티스트citizen data scientist'가 되어야 합니다. 시티즌 데이터 사이언티스트는 특별히 학위와 경력을 쌓지 않아도 누구나 데이터를 가지고 원하는 분석을 할 수 있는 수준의 지식을 가진 사람들을 의미합니다.

20세기를 자신의 분야에 정통한 'I자'형 인재의 시대라고 지칭했던 적이 있습니다. 하지만 시대가 변하면서 한 우물을 파는 I자형 인재보다 다양한 분야에서 폭넓은 지식을 쌓는 동시에 한 분야에서 전문가 이상의 깊은 지식을 갖고 있는 'T자'형 인재가 등장했습니다. 더 나아가서는 상부는 넓은 모양처럼 전 방위적인 지식과 경험을 가지고 있고, 두세 가지 정도의 깊은 전문 지식을 갖춘 '파이(π)'형 인재가 각광을 받았습니다. 하지만 지금은 분야를 가리지 않고 다방면의 지식과 재능을 갖춘 '지네'형 인재가 촉망받는 인재상으로 자리 잡고 있습니다.

기업에서 인공지능을 이용하여 마케팅 업무를 한다면, 마케팅에 대한 능력과 인공지능에 대한 기술적인 지식도 있어야 합니다. 인공지능에 대한 이야기가 나오면 완벽하게 이해하지는 못해도 대화가 통하고 알아들을 수 있는 시티즌 데이터 사이언티스트가 필요한 시대인 것입니다. 앞으로는 전문가와 비전문가 상관없이 분야를 막론하고 누구든지 분석가가 될 수 있는 시티즌 데이터 사이언티스트의 역량을 갖춘 인재상이 요구될 것입니다.

더 이상 베스트 프랙티스는 없다

사람들이 부러워하는 동물 중에 오리가 있습니다. 오리는 동물 중에 가장 스펙이 뛰어납니다. 날 수도 있고, 뛸 수도 있으며, 헤엄도 칠 수 있는 동물은 지구상에 오리밖에 없어요. 하지만 잘 생각해보면 나는 것, 뛰는 것, 헤엄치는 것 중 어느 하나도 오리가 대표할 수 있는 것은 없습니다. 그런데 사람들은 모두 오리가 되려고 합니다.

흔히들 베스트 프랙티스best practice가 되자고 이야기합니다. 최고가 되자는 의미지요. 쉽게 말하면 가격도 저렴하고, 품질도 좋으면서, 디자인, 성능, 안전성 면에서도 모두 최고의 위치에 도달하자는 겁니다. 물론 베스트 프랙티스의 제품이 만들어질 수도 있겠죠. 하지만 그렇게 되면 어떤 일이 벌어지게 될까요?

예를 들어, 전기차 분야에서 테슬라 S가 최고의 모델이라고 가정합시다. 어떤 전기차도 테슬라 S를 뛰어넘을 수 없다고 한다면 기술의 저주가 발생하게 되겠지요. 테슬라가 완벽한 기술로 앞으로 100년 동안 전 세계에서 절대로 뛰어넘을 수 없는 수준의 전기차를 만들어 놨다고 칩시다. 그렇다면 중국은 어떤 전기차를 내놓게 될까요? 테슬라와 똑같은 전기차를 생산해내면 됩니다. 중국이나 한국에서 테슬라 S의 카피캣을 내놓으면 되는 겁니다. 다만 가격을 낮춰서 출시하게 되는 것이지요.

이런 비유도 있습니다. 독일에서 세계 최초의 태양광 패널을 100달러에 만들었습니다. 그 후에 중국에서 똑같은 스펙의 태양광 패널을 10달러에 만들어냅니다. 그렇게 되면 독일의 기업은 도산하게 되겠지요. 그러니 독일 입장에서는 태양광 패널을 100달러에 만들지 않고 10달러에 만들 수 있는 설비를 만들어 경쟁력을 갖출 것입니다. 부가가치를 높이는 동시에 맞춤형으로 만드는 것이지요.

이런 문제 때문에 베스트 프랙티스는 존재하지 않고 항상 트레이드 오프trade off가 존재하게 됩니다. 한 가지를 얻기 위해선 다른 한 가지를 포기하게 되는 겁니다. 어느 극성스러운 부모가 독수리 새끼를 키운다고 가정해봅시다. 독수리 새끼는 당연히 잘 날겠지요. 그러나 수영을 잘 못하기 때문에 나는 건 그만하면 되었으니 이제는 수영을 배우라고 해요. 그런데 독수리 새끼가 수영을 열심히 배우면 어떻게 되겠습니까? 날개는 퇴화하고 날카로운 발톱은 무뎌지게 되겠지요.

결국 베스트 프랙티스의 최종 귀착지는 무엇이든 할 수 있지만 어떤 것에도 특화되지 못한 오리같이 된다는 겁니다. 독수리가 될 건지, 치타가 될 건지, 돌고래가 될 건지 선택해서 한 분야에 집중을 해야 하는데 단점만을 자꾸 보완하려다 보면 결국 오리 같은 존재가 될수밖에 없습니다.

우리는 스스로의 전문성과 장점을 부각시켜 독수리나 치타 같은 존재가 되어야 합니다. 학교나 회사에서도 마찬가지입니다. 남들도

다 같이 준비하는 스펙만 열심히 따라서 쌓게 되면 결국 오리가 되어 있을 것입니다. 어떤 분야에서도 여러분을 부각하지 못하는 것이죠. 그보다는 자신이 강점을 보일 수 있는 분야, 타인과 차별성을 둘 수 있는 분야가 무엇인지를 먼저 고민해보길 바랍니다. 그리고 남들과는 다르게 준비해 독수리와 치타 같은 독보적인 존재가 되기를 바랍니다. 4차 산업혁명 시대의 유일무이한 존재, 온리 원only one이 되어야 할 것입니다.

유일무이한 온리 원, 나만의 특장을 가져라

4차 산업혁명 시대에서는 나만의 강점을 지닌 온리 원이 되는 것이 매우 중요합니다. 물론 경영학만 전공해서는 기업의 재무팀과 인사팀에 입사하기가 어렵습니다. 본인이 가려는 전문 분야에 대해 알지 못하니 쓸모가 없는 것이지요. 반대로 이공계 출신들은 인사 관리나 사업계획서를 작성하는 방법을 몰라 곤란할 겁니다. 반드시 두 가지 분야를 다 알고 있어야 하는 것이지요. 한두 분야에 대한 전문 지식을 가지되, 다른 분야도 충분히 이해하고 융합시킬 수 있는 능력이 필요한 시대입니다.

머신러닝이라는 단어를 언급하면 "아, 인공지능에 대한 이야기구나"라는 것 정도까지만 알아도 업무에 대한 이해나 대화가 훨씬 더 수월하게 이루어질 것입니다. 따라서 다가올 시대의 흐름을 이해하고, 내가 전공하고 있는 분야를 4차 산업혁명 시대에 어떻게 연결시켜나갈지를 지금부터 고민해야 합니다. 이제 후천적인 지식을 자랑하던 시대는 끝났습니다. 실전 경험을 통해 실제와 이론을 적절히 접목시켜 나가는 것이 중요한 시대가 온 것입니다.

경영학을 예로 들어 설명해보겠습니다. 경영학은 대표적인 실용 학문이기도 한데요, 만약 마케팅 시험에서 A+를 받았다고 해서 물건을 잘 팔 수 있을까요? 답은 '아니다'일겁니다. 의대도 마찬가지입니다. 해부학 시험에서 A+를 받았다고 실제로 해부를 잘한다는 뜻은 아닙니다. 실제 여러 케이스를 통해 실험해보고 시행착오를 겪어가면서 경험치를 쌓아야 현장에 맞는 전문성을 기를 수 있습니다. 이론을 역으로 더 잘 적용할 수도 있는 것이고요.

앞으로 다가올 시대에 진정한 온리 원이 되기 위해서 우리는 무엇을 준비해야 할까요? 변화에 끊임없이 반응하면서도 나만의 것이 무엇인가를 찾기 위한 노력을 게을리 해서는 안 됩니다. 분야를 막론하고 지식을 스폰지처럼 흡수하면서도 내가 가진 전문성을 발전시켜나가는 일. 시티즌 데이터 사이언티스트가 되는 첫걸음일 것입니다.

4차 산업혁명, 어떤 자세로 임해야 하는가

|

4차 산업혁명 시대는 절대 우리가 대적하기 힘든 힘센 거인의 시대가 아니다.
이제 한 사람 한 사람의 소소한 창의가 하나하나의 결실을 맺는
진정한 창의의 시대가 펼쳐질 것이다.

변화를 두려워 말고 과감히 편승할 것

시티즌 데이터 사이언티스트에게 가장 필요한 덕목은 변화를 두려워하지 않고 변화에 편승해가는 도전 정신이라고 생각합니다. 변화를 만들어내지는 못하더라도 최소한 그것을 감지하고 따라가야 하는 겁니다. 변화를 따라가기 위해서는 디지털 자이언트와 앵클 바이터의 방향을 주시해야 합니다. 아시다시피 디지털 자이언트는 소위 FANG(구글, 페이스북, 넷플릭스, 아마존)이라고 불리는 세계적인 ICT 기

업들을 의미합니다. 그래서 구글이 무인 자율 주행 자동차로 방향을 잡으면 향후 모든 기업들의 플랫폼은 자율 주행차로 예상할 수 있다는 겁니다.

앞서 그들이 무인 트럭의 플랫폼이 되면 전 세계 물류를 석권할 수 있게 된다고 말했는데, 그렇기 때문에 중요한 것은 누가 먼저 플랫폼을 선점하는가의 문제입니다. 애플이나 구글 모두 무인 자동차의 플랫폼을 만들어나가는 곳들에 투자하고 있다고 말했습니다. 디지털 자이언트는 플랫폼이 되고자 하는 겁니다. 막강한 자본력을 바탕으로 플랫폼이 되려고 하는 것이지요. 고속도로 건설은 디지털 자이언트들이 하는 겁니다.

작지만 빠르고 강한 기업인 앵클 바이터의 움직임도 주시할 필요가 있다고 했습니다. 고속도로의 건설은 디지털 자이언트들에게 맡기고 앵클 바이터들은 고속도로 근처에 휴게소를 만들거나 주유소를 만드는 겁니다. 앵클 바이터는 플랫폼이 만들어지는 것을 예상하고 플랫폼이 확장될 때 해당 플랫폼을 가장 잘 활용할 수 있는 분야를 고민하는 것이지요. 앵클 바이터의 장점은 빠른 대응력, 스피드에 있습니다. 디지털 자이언트들은 한번 구상한 전체 그림이 완성되도록 끝까지 추진할 수는 있지만 발 빠르게 대처하기는 어렵습니다.

이들은 서로 악어와 악어새와 같이 전략적 동반자 관계라 할 수 있습니다. 현재 전 세계적으로 상당한 영향력을 갖고 있기 때문에 미래는 이들의 사업 전개 방향에 따라 어느 정도 예측이 가능합니다.

기회는 정녕 준비된 자의 것

4차 산업혁명 시대는 덩치 큰 물고기가 작은 물고기를 잡아먹는 구조가 아니라 덩치가 작더라도 민첩한 물고기가 큰 물고기를 잡아먹을 수 있는 시대입니다. 이 말은 4차 산업혁명이라는 개념을 전 세계에 알린 클라우스 슈밥 회장이 시스템 전체를 아우르는 '시스템 리더십'을 기반으로 빠르고 민첩하게 시장에 대응하는 기업만이 시장에서 살아남을 수 있다고 경고하면서 덧붙인 말입니다.

산업의 전 분야에서 융합이 일어나 발전하는 형태로 패러다임이 전환되고 있기 때문에 민첩하게 움직이되, 기술을 칸막이로 나눠 볼 게 아니라 시스템 전체를 한눈에 볼 수 있는 리더십을 갖춰야 한다는 것입니다. 따라서 앵클 바이터처럼 민첩하게 움직이면서 시장을 만들어가는 기업들을 예의주시하지 않을 수 없는데요, 이들은 성장을 거듭하며 종국에는 디지털 자이언트가 될 수도 있고, 플랫폼을 장악한 채 끊임없이 새로운 시도를 하며 시장의 강자가 될 수도 있습니다.

최근 GE도 소프트웨어 기업으로 전환하면서 기업용 소프트웨어 플랫폼이 되겠다고 선언했는데요, 지금과 같은 상황에 우리나라를

견인하는 대기업들은 어떤 변화와 혁신을 이끌어가고 있는지 궁금합니다. 지금부터라도 쇄신하고 가다듬지 않으면 우리의 앞날은 장담할 수 없을지도 모릅니다.

아무리 트럼프가 무역 장벽을 세우겠다고 주장해도 이미 O2O를 통해 온라인과 오프라인이 연계돼 나라와 산업 간의 장벽은 무너지고 있습니다. 앞으로 더 빠른 속도로 변화가 이루어질 것입니다. 특정 재벌, 대기업 위주로 성장해온 한국 경제가 덩치가 크고 움직임이 느리다면, 작고 민첩한 상대와 경쟁해서는 생존할 수 없습니다. 지금부터 준비하지 않으면 기회는 영영 오지 않을지 모릅니다.

스탠퍼드 대학의 창의력 실험

미국 스탠퍼드 대학의 티나 실리그 교수가 진행한 실험도 4차 산업혁명 시대에 필요한 창의력에 대해 생각해볼 거리를 던져줍니다. 실험 내용은 이렇습니다. MBA 수업 시간에 학생들에게 5달러를 나눠주고 돈을 벌어서 일주일 뒤 수업에 가져올 것을 주문합니다. 학점은 벌어온 돈 금액으로 결정하고 수업 시간에 어떻게 돈을 벌게 되었는지를 10분 동안 PPT를 통해 발표하게 했습니다.

가장 많은 학생들이 선택한 방법은 마트에서 큰 음료수를 사서 한

잔씩 파는 방식이었습니다. 그리고 두 번째로 많은 학생들이 선택한 방법은 주식이나 복권을 통해 일확천금을 노리는 것이었는데 이 그룹은 모두 본전도 남기지 못했습니다. 그 외에도 맛집에서 줄을 대신 서주고 20달러를 받은 학생, 목에다 '1일 스탠퍼드 대학생 체험'이라는 피켓을 걸고 견학 오는 사람들에게 학교 안내를 해주는 학생도 있었습니다.

그런데 이중 가장 돈을 많이 번 학생은 누구였을까요? 이 학생은 심지어 교수가 나눠준 5달러를 사용하지도 않았습니다. 오히려 티나 실리그 교수가 10분 동안 PPT 발표를 하라고 하는 데 주목했습니다. 그리고 학교 앞의 가게 주인들을 찾아가 MBA 수업 시간에 학생들에게 10분 동안 광고를 틀어줄 테니 대신에 돈을 내라고 역경매를 시켰는데 1,000달러를 내고 10분 동안 자신의 가게 광고를 틀어달라고 주문한 가게가 있었던 것이지요.

성공한 사람들은 자신이 현재 가지고 있는 자산보다는 상황을 이해하고 창의적인 아이디어를 통해 문제를 해결하는 것입니다.

창의적 습관이 창의적 결과를 낳는다

창의적인 생각을 하기 위해서는 무작정 앞사람을 따라 해서는 안 됩니다. 4차 산업혁명 시대에는 전 세계 70억 명 중 '온리 원'이 된다고 생각하고 절대로 초초해하거나 남들이 무엇을 하는지에 관심을 가질 필요가 없습니다. 단지 디지털 자이언트와 앵클 바이터를 보면서 나름대로의 판단을 하는 것만이 필요합니다. 일회용 면도기를 배달하는 사업이 성공할까를 누군가에게 묻지 말고 소신대로 실행해본 다음에 실패하면 다른 것을 또 고민해보는 겁니다.

그래서 최근에는 가장 외면받고 있는 경영 방식이 잘하고 있는 다른 기업을 모방하는, 바로 벤치마킹입니다. 이제 남들이 어떻게 하더라 하는 것은 신경 쓰지 마세요. 부모님들은 보통 자녀가 머리는 좋은데 노력을 안 해서 공부를 못한다고 하죠. 그런데 인공지능 시대에는 머리는 좋지만 노력을 하지 않는 사람들이 성공합니다. 인공지능 전문가들이 아이큐와 창의력의 상관관계에 대해 연구를 했는데 실제로 지능을 높였더니 창의성도 높아지는 결과가 나왔습니다.

결국 창의적이 된다는 것은 변화를 두려워하지 않는 시티즌 디지털 사이언티스트가 되어야 한다는 의미입니다. 디지털 자이언트와 관련된 기사들을 매일 검색해보고 가끔은 그들 회사의 사이트를 방문해보는 것이 좋습니다. 예를 들면, 구글에 접속해 최신 뉴스를 보고 아마존의 홈페이지를 접속해보는 겁니다. 유니콘도 검색해서 최신 뉴스를 보고 최근 어떤 유니콘들이 등장했는지를 살펴봐야 합니다. 유니콘이 되기 직전의 이머징 유니콘은 어떤 비즈니스 모델을 가지고 나오는지를 알면 여러분들도 충분히 디지털 자이언트와 앵클 바이터들을 팔로업할 수 있습니다.

저도 매일 습관적으로 디지털 자이언트와 앵클 바이터가 어떻게 움직이는지 계속 주시하고 있습니다. 좋은 정보들은 제자들에게 보내주기도 하고요. 그러다 보니 제자들도 저에게 좋은 정보를 보내주더군요. 이런 정보들을 모으면 나만이 활용할 수 있는 훌륭한 데이터가 됩니다. 실로 창의적 습관이 창의적 결과물을 낳을 것입니다. 4차 산업혁명 시대는 절대 우리가 대적하기 힘든 힘센 거인의 시대가 아닙니다. 이제 한 사람 한 사람의 소소한 창의가 하나하나의 결실을 맺는 진정한 창의의 시대가 펼쳐지게 될 것입니다.

알뜰하게 쓸모있는
4차 산업혁명 Q&A

Q. 4차 산업혁명이라는 새로운 패러다임에 부응하는 힘은 정보과학이나 문화, 예술 등이 갖는 소프트파워일 텐데요, 이런 소프트파워를 키우기 위해서는 어떤 노력이 있어야 할까요?

A. 세계경제포럼의 클라우스 슈밥 회장은 "미래에는 기술 혁명으로 인한 급격한 사회적·경제적 변화로 인해 직업에 대한 개념이 근본적으로 달라질 것"이라고 말했습니다. 또한

학자들마다 정의하는 기준은 모두 다르지만 4차 산업혁명은 과거와는 달리 소프트웨어가 중심이 된 콘텐츠 혁명이 될 것이라는 점에 대해서는 대부분을 공통적인 입장을 보이고 있습니다. 모든 사물이 촘촘히 연결되고, 필요로 하는 정보와 인적자원을 쉽게 확보할 수 있는 상황에서 우리들은 어떤 노력을 해야 할까요?

첫째, 이분법적 생각을 버려야 합니다. 세상이 끊임없이 빠른 속도로 진화하면서 과거에는 진실이라고 믿었던 수많은 명제들이 거짓으로 변하는 세상에서 현재의 정답을 추구하는 것은 무의미한 일이기 때문입니다.

둘째, 입체적 사고로 다각도에서 접근해야 합니다. 초연결 사회가 되면서 다양성과 확장성이 핵심으로 등장하고, 엄청난 양의 데이터가 수집, 분석되는 세상에서 최고의 해결책을 제시하기 위해서는 다양한 각도에서 사물을 바라보고 커다란 맥락을 파악할 수 있는 능력이 필요합니다.

셋째, 변화를 주도하거나 최소한 빠르게 편승해야 합니다. 상상할 수 없을 정도의 많은 데이터, 정보들이 생성되고 모이고 가공되어 새로운 흐름으로 탄생되는 상황에서, 이런 흐름을 파악하거나 빠르게 따라 잡아야 미래의 주도권을 확보할 수 있습니다.

넷째, 과학 만능주의에 빠지면 안 됩니다. 소위 '사이언티
즘'이라고 해서 과학이나 기술만이 미래를 위한 유일한 통
로라고 주장하는 과학자들이 상당히 많은데, 비즈니스 모
델적 사고로 큰 그림을 그리지 못한다면 기술로는 성공해
도 시장에서는 실패하게 되는 '혁신의 저주'에 빠지기 쉽기
때문입니다.

과거에는 천재가 세상을 발전시키고 변화시켰다면, 전 세
계를 하나로 연결시키는 수많은 플랫폼들이 등장하고 있는
4차 산업혁명 시대에는 모든 사람과 소통하고 공감할 수
있는 평범한 사람들의 지혜를 한데 모으는 '집단지성의 시
대'가 될 것입니다.

Q. 요즘에는 TV 광고만 봐도 사물인터넷이 진화하는 속도가
매우 빠른 것 같은데, 스위트홈을 만드는 지능형 로봇, 집
안일을 모두 알아서 척척 해내는 로봇이 일상적으로 활약
하는 시기는 언제쯤 올까요?

A. 4차 산업혁명이 본격화되면 로봇이 인력을 대체하는 시도
들이 많이 나올 것입니다. 로봇과 인간이 함께 생활할 수
있는 시기가 언제인지가 중요하다기보다, 로봇이 인간을

대체하게 되었을 때 현실적으로 어떤 문제가 있을지, 어떤 문제를 해결해야 할지를 잘 생각해봐야 합니다. 완벽한 인간이기를 표방하는 로봇(이콘)이 다양한 상황에 따라 합리적인 선택을 하는 인간(휴먼)의 행동을 천편일률적으로 분석할 수는 없기 때문입니다.

예를 들어, 로봇이 내가 내일 아침 회사에 지각하지 않게 하려고 잠들기 전 미리 알람을 맞춰놓는다면, 우리는 아침에 알람을 끄고 다시 단잠에 빠져들 수 있는 것입니다. 내일이 설레는 출근 첫 날이라면 맞춰놓은 알람 시간보다 훨씬 더 일찍 일어날 수도 있는 것이고요. 로봇 전문가들은 이콘을 이야기하지만 이콘만으로는 세상을 파악하기 어렵습니다. 이콘과 휴먼의 적당한 균형을 찾아내서 이콘과 휴먼을 동시에 이해하도록 하는 역할이 더욱 중요합니다. 둘의 특성을 동시에 이해할 때 인공지능이나 로봇이 구현하는 4차 산업혁명 시대에 인간과 로봇이 어떻게 조화롭게 살아갈 수 있을지를 예측할 수 있습니다.

Q. 4차 산업혁명의 시대가 모든 것이 연결되는 시대라고 하지만, 어떤 의미에서는 오히려 그로 인해 인간관계가 더욱 어려워지는 측면이 있는 것 같습니다. 새로운 시대의 인간관계, 어떻게 해쳐나가야 할까요?

A. 앞서 얘기한 식자재 배달 서비스를 제공하는 블루 에이프런에 사람들이 열광하는 이유만 봐도 우리는 답을 찾을 수 있습니다. 유명 셰프가 만든 음식을 최상의 상태로 배달해주는 것과, 그 요리를 따라 할 수 있는 레시피와 식자재들을 배달해주는 서비스 중에서, 사람들은 보통 완제품을 배달해주는 것을 선호할 것이라 생각하지만, 현실은 그렇지 않았죠. 사람들은 자신이 직접 만든 음식을 찍어 유튜브에 올리고 이를 사람들과 기존의 방식과는 또 다르게 소통하고 공감하며 관계를 형성해갑니다.

세계 최대의 사무실 공유 서비스 위워크가 성공한 이유도 마찬가지입니다. 사무실 벽이 온통 유리로 되어 있고, 매주 입주 기업들의 네트워크 형성을 돕는 다양한 행사가 열립니다. 개인의 프라이버시가 강화되고 경쟁이 심화되면 더더욱 개인주의적 사회가 될 것 같지만, 위워크는 적극적으로 네트워크를 형성하고 협업의 가치를 인정하고 공동체를 중시하는 기업의 표본으로서 가치를 인정받고 있습니다.

4차 산업혁명 시대에는 우리가 생각하는 기존의 관계 형성 과정보다 더욱더 다양한 방식으로 서로 연결될 것입니다. 소통할 수 있는 여러 매체를 통해 보다 더 활발하게 사람들은 관계를 맺어갈 것입니다. 여전히 공동체의 힘은 중요하고, 공동체의 가치를 나눌 수 있는 기업들이 사람들에게 인정받고 있는 것처럼요.

Q. 스마트 임플란트, 생체공학 안구 등 체내 삽입형 기기의 발달로 인간의 수명이 한층 연장될 전망이라고 하는데요, 이러다가는 진짜 영생이 가능한 시대도 오는 걸까요?

A. 전기자동차 테슬라의 창업자 일론 머스크는 최근 공상과학 소설에서나 볼 수 있을 법한 인간의 뇌에 컴퓨터 칩을 심어 컴퓨터와 뇌를 연결하는 '뉴럴 링크'라는 회사를 설립했습니다. 이 칩을 이용하면 인간의 생각을 업로드하고 다운로드할 수 있는 것은 물론 뇌 질환 환자나 정신질환 환자에 대한 치료도 훨씬 용이해질 것입니다. 이런 불가능해 보이는 시도들이 지금부터 만들어져간다면 조만간 진짜 영생이 가능한 시기도 올 수 있겠죠.

하지만 그 어떤 것도 확실한 것 없습니다. 기술이 고도화되면 인간의 삶을 지배하고 인위적으로 삶의 길이를 조절할 수도 있겠지만, 오히려 정반대의 기술이 성행할 수 있을지도 모릅니다. 우리는 그 전에 거시적인 측면에서의 논의를 해야 합니다. 수명이 연장되면 우리 사회는 얼마나, 또 어떻게 바뀌어 갈 것인지, 사회는 어떤 준비를 해야 하는지, 우리에게 기술의 진보를 통해 주어진 영생은 어떤 것을 의미하는지 말이지요.

Q. 새로운 미래에 사라질 직업 1위와 절대 사라지지 않을 직업 1위에 회계사가 동시에 올라 있는데, 그렇다면 인공지능은 절대 사람을 능가할 수 없다는 것인가요? 스마트 시대에 떠오르는 유망 직종으로는 어떤 직종을 꼽을 수 있을까요?

A. 4차 산업혁명 시대에 가장 먼저 사라질 직업과 절대 사라지지 않을 직업이 동시에 공존하는 것은 실제로 해당 직업을 가진 사람들이 설 자리를 지키기 위한 방어 기제이기도 하고, 사라지게 될 직종이 주로 전문직에 국한되어 있는 이유도 그만큼 인공지능이 확보해야 할 데이터의 계량화 정

도가 여타 직종들보다 높기 때문이기도 합니다.

하지만 인공지능을 설계하는 사람들이 인간에 대한 이해가 없이 정답만이 존재하는 이콘의 시스템으로 인공지능을 설계한다면, 그 어느 것도 완벽히 인간을 대체하는 직업은 존재할 수 없을 것입니다. 이콘은 논리적이고 명확한 답만을 제시하기 때문이지요. 하지만 이콘만으로는 실제 인간들이 내릴 수 있는 다양한 결론을 도출해낼 수 없습니다. 만약 인공지능, 이콘의 판단으로만 의사결정을 하게 된다면 휴 먼들이 이콘의 결정을 그대로 따를까요? 감정이 배제된 채 논리로만 내려진 결론을 따르지 않을 확률이 높습니다. 이로써 아마 상당한 혼란이 야기될 테지요. 이 때문에 4차 산업혁명 시대에는 어떤 분야이던지 행동경제학을 익힌 사람들이 성공의 반열에 오를 것입니다. 인간의 본성을 이해하면서 기술을 이해할 수 있는 사람만이 미래의 리더가 될 수 있을 것으로 전망됩니다.

Q. 철학을 전공하는 학생인데요, 인문학도에게는 지나치게 취업문이 좁습니다. 인문학과 4차 산업혁명을 결합시켜서 향후 취업에 도움이 될 방법이 있을지 궁금합니다.

A. 재미있는 실험 이야기를 들려드리겠습니다. 영국 연방국들의 장기 기증률에 대한 실험이었는데요, 영 연방 8개 국가는 소득 수준, 사회 문화 등이 비슷하기 때문에 사후 장기 기증 비율도 비슷할 것이라 예측했지만, 예측과 달리 어떤 나라는 98%, 또 어떤 나라는 2%의 결과가 나와 나라별로 큰 차이를 보였습니다. 왜 이런 결과가 나오게 된 걸까요? 연구 결과, 국가별로 장기 기증 여부를 확인할 때 두 가지 다른 질문이 존재하는 것을 발견했습니다. 어떤 국가는 '사후에 장기 기증을 하겠습니다'라는 질문으로, 어떤 국가는 '사후에 장기 기증을 하지 않겠습니다'라는 질문으로 장기 기증 여부를 조사한 것입니다. 그런데 재미있는 사실은 '사후에 장기 기증을 하겠습니다'라고 한 경우에는 낮은 기증률을 나타냈으며, 반대로 '사후에 장기 기증을 하지 않겠습니다'라는 질문을 한 경우에는 거의 100%에 가까운 기증률이 나타났다는 것입니다. 이것을 연구한 학자들은 사람들은 주어진 기준에서 벗어나지 않으려는 성향이 강해서, 본

인의 소신보다는 질문에 따라 쉽게 영향을 받는다는 사실을 알아냈습니다. 모두가 '예스'라고 말할 때 '노'라고 말하거나, 남들과 달리 손을 드는 행위 등 표준에서 벗어나는 행동을 꺼리는 경향을 보이는 것입니다.

이런 연구를 하는 학문을 행동경제학이라고 합니다. 행동경제학은 경제학에 심리학을 더한 학문으로 4차 산업혁명에서 가장 중요한 분야로 떠오를 것으로 예상됩니다. 앞서 이야기했듯이, 4차 산업혁명의 기술들은 이콘을 만드는 작업입니다. 하지만 세상은 이콘이 아닌 휴먼이 살아가는 곳이기 때문에 이콘만 가지고는 성공적으로 4차 산업혁명을 수행할 수 없습니다. 그렇기 때문에 오히려 휴먼의 특성을 이해하는 학문이 4차 산업혁명 시대의 필수적인 관문이 될 것입니다. 기술적 관점보다는 심리학, 철학, 사회학 같은 학문이 더욱 중요하게 자리 잡을 것이라 생각하는 것도 이 같은 이유에서입니다. 경제현상과 더불어 사람의 심리, 사회현상 등을 이해하는 사람이 4차 산업혁명의 리더가 될 수 있으니, 지금부터라도 휴먼에 대한 연구를 해보는 게 어떨까요?

소유의 시대에서 공유의 시대로

전 세계 온라인 시장의 최강자라 불리는 아마존이 지난 2017년 6월 미국의 대표적인 식품 유통 회사인 '홀푸드'를 한화 약 15조 원에 인수했습니다. 2억 5,000명의 회원을 거느린 아마존의 온라인 경쟁력과 유기농 매장인 홀푸드의 오프라인 강점이 만난 이번 인수는 미국 식품업계뿐 아니라 전 세계 온·오프라인 업계에 큰 지각 변동을 예고했습니다. 아마존의 홀푸드 인수 발표 후 크로거, 코스트코와 같은 전통적인 유통기업들의 주가는 일제히 폭락했습니다.

비슷한 시기에 아마존은 의류와 액세서리를 구매하기에 앞서 먼저 착용해 볼 수 있는 '프라임 워드로브' 사업을 시작한다고 발표했습니다. 고객은 돈을 지불하지 않고도 3~15개의 의류를 한꺼번에 배송받아 입어본 뒤에 마음에 드는 옷만을 선택해서 구매할 수 있습니다. 고객들의 부담을 줄이기 위해 반송용 상자도 함께 보내고, 일주일 내 반송되지 않은 물건만 결제됩니다. 아마존이 의류 유통업 진출을 발표하자 미국의 유수 백화점들과 패션업체들의 주가가 줄줄이 하락했습니다. 이뿐 아니라 아마존은 이미 지난 2015년에는 시애틀에 오프라인 서점 '아마존 북스'를 열었으며, 12월에는 시애틀에 오프라인 마트인 '아마존고'를 개장하여 온라인 시장은 물론 오프라인 시장에서도 돌풍을 일으키고 있습니다.

　온라인을 장악한 아마존의 오프라인 시장 진출, 전통적인 오프라인 시장의 강자였던 월마트의 온라인 진출은 기존의 기업들이 사업을 확장해가는 방식과는 전혀 달라 보입니다. 이들은 강력한 플랫폼을 바탕으로 비즈니스의 판 자체를 송두리째 바꾸고 있습니다. 아마존이 바꾸고 있는 오프라인 쇼핑의 풍경들을 보면 기존에 보아왔던 방식과는 전혀 다른 형태로 전개되고 있다는 것을 알 수 있죠. 아마존은 2억 5,000명 이상의 고객들의 데이터를 누구보다 방대하고 정확하게 파악하고 있습니다. 고객 분포를 알고 있기 때문에 최적의 서점 입지, 가장 인기가 많고 평가가 좋은 책 선정, 양질의 리뷰로 소비자들의 구매 패턴을 바꾸고 있는 것입니다. 가격도 온라인과 동일합니다.

또한 아마존은 이번 홀푸드 인수를 통해 신선 식품 배송에 취약했던 자사의 역량을 한층 더 강화하고, 소비자의 구매 패턴을 관찰하면서 데이터를 축적해갈 것입니다. 홀푸드의 오프라인 거점을 활용해 고객들은 신선 식품뿐 아니라 아마존의 모든 물건들을 언제든, 더 가까이서 접근할 수 있게 되었고요.

4차 산업혁명을 맞이하여 탄생한 모바일 세계는 과거의 전통적인 오프라인 비즈니스를 결합시켜 O2O라는 강력한 서비스 플랫폼을 탄생시켰습니다. 이미 존재하는 수많은 오프라인 매장을 하나의 플랫폼에 연결시켜 모바일로도 쉽게 접근할 수 있는 온라인의 강점이 오프라인으로 전파된 것입니다. 이를 통해 O2O기업들은 자신의 플랫폼을 통해 고객이 진짜로 무엇을 원하는지를 알 수 있는 데이터를 모아가기 시작했습니다. 이렇게 쌓인 빅데이터를 통해 오히려 서비스를 제공하는 오프라인 업체들보다 소비자들의 요구, 성향, 만족도를 더욱 정확하게 파악할 수 있게 된 것이죠. 플랫폼 역할을 하던 온라인 업체들은 이제 소비자들에게 가장 최적화된 형태의 서비스 모델을 가지고 오프라인에 진출하는 이른바 O4O 비즈니스로 진화하게 되었습니다. O2O가 온라인과 오프라인을 연결하는 중개 역할에 그쳤다면, O4O는 온라인 고객의 DB를 기반으로 고객에게 색다른 경험을 제공하면서 그 이상의 편의성을 제공합니다.

4차 산업혁명 시대에는 그 어느 때보다 강력한 네트워크와 고객에게 최적화된 데이터베이스를 가진 기업이 새로운 영역으로 진출하여 모든 시장을 장악하는 승자독식의 경제가 열리게 됩니다. 이처럼 다가오는 4차 산업혁명 시대에는 플랫폼을 먼저 장악하는 기업이 시장을 지배하게 될 것입니다. 수백만 명에 달하는 사용자들이 불과 몇 년 전만 해도 상상할 수 없었던 방식으로 제품과 서비스를 이용하고 있습니다. 플랫폼 혁명은 우리들의 행동에도 엄청난 변화를 가져오고 있습니다.

이 책에서 살펴보았듯이, 4차 산업혁명의 최전선에서 기술을 융복합해 우리의 삶을 풍요롭게 만들어나가는 기업들이 끊임없이 생겨나고 있습니다. 이로 인해 앞으로의 일상생활은 더욱더 다양하게 변모해갈 겁니다. 새로운 비즈니스 플랫폼들이 등장하면서 모두가 시장 경제의 주인공으로 대접받을 수 있는 기회도 점점 더 많아질 것입니다.

우리는 다가오는 4차 산업혁명의 거대한 플랫폼을 이해하고 대비해야 합니다. 그리고 변화를 두려워하지 않고 변화에 발 빠르게 편승해가는 도전 정신을 가져야 합니다. 변화를 만들어내지는 못하더라도 최소한 그것을 감지하고 따라가야 하는 겁니다. 그리고 그 변화는 FANG과 같은 디지털 자이언트와 앵클 바이터들이 앞장서서 만들어내고 있습니다. 예측할 수 없는 시대에 우리의 방향성을 제대로 설정하기 위해서는 시장을 선도하는 디지털 자이언트들의 방향을 주시해야 하며, 작은 몸짓으로도 기존 시장의 판을 흔들면서 뚜렷한 존재감을 드러내는 앵클 바이터의 움직임을 따라가야 합니다.

미래의 주역으로 꼽히는 이 기업들은 창조적인 아이디어와 비즈니스 모델로 새로운 시장을 만들고 미래를 열어가고 있기 때문입니다. 수많은 불확실성과 싸워가며 우리의 삶의 질을 높이는 방법을 끊임없이 고민하는 것이야말로 4차 산업혁명을 이끌어갈 새로운 성장 동력을 찾는 첫걸음이 될 것입니다.

KI신서 7087

알뜰하게 쓸모있는 경제학 강의
4차 산업혁명을 준비하는 지금 여기 시민을 위한 경제학

1판 1쇄 발행 2017년 8월 25일
1판 5쇄 발행 2020년 3월 16일

지은이 유효상
펴낸이 김영곤
펴낸곳 (주)북이십일 21세기북스
디자인 박선향
영업본부 이사 안형태
영업본부 본부장 한충희 **출판영업팀** 오서영 윤승환
마케팅팀 배상현 김보희
제작팀 이영민 권경민
출판등록 2000년 5월 6일 제406-2003-061호
주소 (10881) 경기도 파주시 회동길 201 (문발동)
대표전화 031-955-2100 **팩스** 031-955-2151 **이메일** book21@book21.co.kr

(주)북이십일 경계를 허무는 콘텐츠 리더

21세기북스 채널에서 도서 정보와 다양한 영상자료, 이벤트를 만나세요!
장강명, 요조가 진행하는 팟캐스트 말랑한 책 수다 〈책, 이게 뭐라고〉
페이스북 facebook.com/jiinpill21   포스트 post.naver.com/21c_editors
인스타그램 instagram.com/jiinpill21   홈페이지 www.book21.com
유튜브 www.youtube.com/book21pub
서울대 가지 않아도 들을 수 있는 명강의! 〈서가명강〉
네이버 오디오클립, 팟빵, 팟캐스트에서 '서가명강'을 검색해보세요!

ISBN 978-89-509-7134-2 03320
책값은 뒤표지에 있습니다.